국제 중국어교육 이론과 실천

国际汉语教学理论与实践

延世大學 孔子學院 中國研究院 研究叢書 006

국제 중국어교육 이론과 실천

国际汉语教学理论与实践

연세대학교 공자아카데미
연세대학교 중 국 연 구 원 ^편

學古房

발간사

  2013년 연세대학교 공자아카데미, 2015년 연세대학교 중국연구원이 개원한 이래, 연세대학교 내에서 중국 관련 연구가 본격적으로 시작되었습니다.

  색다른 연구와 특색 있는 분야의 연구가 시대의 흐름에 걸맞게 고안되고 추진되어 세상에 빛을 보게 됩니다. 남들과 다른 길을 가는 사람들의 외로움을 사명감과 책임감으로 포장하며 지금이 아닌 미래의 이 땅의 주역들에게 남겨 줄 의미 있는 작업을 하고자 이 마당을 만들게 된 것입니다.

  나무가 나무와 더불어 숲을 이루어 우리의 연구 영역을 이루려고 합니다.

  인문, 사회과학 연구자가 더불어 잘 하면 누구도 생각지 못한 그림을 그릴 수 있다고 확신합니다. 아집과 편집과 고집은 책을 만들고 연구하는데 아무런 도움이 되질 않습니다. 진실한 연구는 반드시 따르는 후속 연구자가 있게 마련이고 바른 연구 풍토는 반드시 그 빛을 보게 될 날이 있음을 확신합니다.

  우리가 책을 만들고 책이 연구를 대변하고 더불어 연구의 숲을 이루는 그 날까지 연세대학교 공자아카데미와 중국연구원은 계속해서 중국학논단 총서를 만들어 나갈 것입니다.

  남들과 조금이라도 다르게 생각하고 확고한 신념으로 갖자 맡은 일에 충실함으로써 새롭게 거듭나는 자랑스러운 중국학논단 마당을 열어 나가겠습니다. 감사합니다.

연세대학교 공자아카데미, 연세대학교 중국연구원
김현철 드림

목 차

한 글

中 文

한 글

제 1 부

발 표

사 회 **김현철**_연세대학교

패 널 **金立鑫**_상해외국어대학
周荐_마카오이공대학
盛玉麒_산동대학
高新_산동대학

상해외국어대학 **金立鑫**

교사, 교재, 교수법은 교육의 "3요소"로서 각 요소가 가지는 개념 및 3요소 간의 관계에 대해 생각해 보는 것은 매우 중요합니다. 어떠한 언어이든 언어교수자 입장이라면 교육 3요소 간의 개념, 상관관계 및 3요소 본연의 함의를 분명하게 아는 것은 매우 중요합니다. 특별히 언어를 연구하는 사람에게는 더욱 중요한 핵심이라 할 수 있습니다.

(1) 교재

첫째로, 언어교재에 대해 이야기해 보겠습니다.

저는 성공적인 언어교재를 위해서는 중요한 두 가지 필수 조건이 있다고 생각합니다. 이 두 가지 필수 조건은 시리즈로 나오는 언어교재가 우수한 교재인지 아닌지를 판단하는 중요한 기준이 됩니다. 기준의 하나는 먼저 교재 자체가 언어의 체계와 구조 중 언어 본체의 지식적인 부분을 정확하고 간결하게 그리고 상세히 설명할 수 있어야 합니다. 그렇게 만들어진 교재는 결코 해설의 실수를 범하지 않을 것입니다. 결코 그런 일을 저지르지 않을 것입니다. 다른 문장 안에서의 실수는 상관없지만 언어교재는 결코 용납할 수 없는 것입니다. 따라서 좋은 교재를 만들고자 하는 집필진은 반드시 언어의 기초가 탄탄해야 하고, 언어에 대한 이해가 명확해야만 교재를 집필 할 수 있게 되는 것 입니다. 이것이 첫 번째 기준입니다. 요약하면, 언어 교재는 언어 본연의 지식체계에 대한 상세한 설명이 명확해야 한다는 것, 이것이 첫 번째 조건이라 할 수 있습니다.

두 번째로 언어교재는 교수법이론을 충분히 반영해야 합니다. 현재 우리는 많은 교재가 언어의 지식적인 부분, 해설방면에 치중되어 있는 것을 쉽게 볼 수 있습니다. 그러나 저는 언어교재의 기저에 "영혼"이 결핍된 것을 볼 수 있었습니다. 이 "영혼"이란 것은 언어 교수법이론의 영혼 입니다. 역사적으로 보면 이미 다양한 교수법이 있었고, 각각의 교수법 모두 그에 상응하는 교재를 선보입니다. 이러한 교재는 해당 교수법 이론을 반영한 것입니다. 그러나 우리가 현재 마주하고 있는 교재에 대해 아쉬운 것은, 많은 언어교재가 비록 언어의 지식적 부분에 대한 해설은 분명하고 명확하지만 교재의 첫머리에 당신이 보고 있는 교재가 어떠한 교수법을 근거로 하여 쓰여진 것이며, 어떠한 교육이론을 사용하여 편성된 것이라는 내용을 명확히 밝히지 않고 있다는 것입니다. 극소수의 교재만이 이 부분을 설명하고 있을 뿐입니다.

네, 이 두 가지 점으로 미루어 보아 현재 우리가 만족할만한 교재는 결코 많지 않습니다. 대부분의 교재는 첫 번째 조건은 만족할 수 있을지 모르나 두 번째 조건은 그저 그런 편입니다. 이것이 필수적인 두 가지 조건입니다.

(2) 교사

그럼 언어교사에 대해 살펴보겠습니다.

좋은 언어교사는 기본적인 두 가지 요건을 충족시켜야 하며 이 역시 필수 조건이라 할 수 있습니다. 첫째 조건은 언어교사는 교육대상이 되는 언어 자체에 대한 훈련이 충분해야 하며, 언어 자체의 지식, 체계에 대한 이해가 탄탄해야 합니다. 교사가 수업에서 학생에게 언어의 핵심내용을 해설할 때 "이것은 중국인들의 습관이야, 외우기만 하면 돼."라고 알려주는 것은 학생을 기만하는 것입니다. 좋은 교사라면 해당 내용에 대해 정확하게 설명해줄 수 있어야 할 뿐만 아니라 왜 그런 표현이 쓰이게 됐는지에 대해서도 설명할 수 있어야 합니다. 학생들에게 어떠한 언어현상을 이해시키고자 한다면 그것이 어떻게 그렇게 쓰이게 되었는지 그 까닭을 명확히 하는 것이 중요합니다. 이는 좋은 교사가 되는 기본적 기량이며 언어현상 학습 면에서 보더라도 아주 좋은 방법이라 할 수 있습니다. 만일 이러한 언어체계에 대한 탄탄한 훈련이 되지 않은 상태에서 좋은 교사가 되고자 하는 것은 결코 쉽지 않을 것 입니다. 이제 살펴볼 것은 학부 전공이 문학인 교사가 언어를 가르치는 경우와 어학 전공 출신의 교사가 언어를 가르치는 경우 입니다. 이 두 부류의 교사가 언어를 가르칠 때 각각의 스타일이 다를 수 있습니다. 어학전공 출신은 아마 언어의 포인트에 따라 체계적으로 수업을 편성할 것입니다. 예를 들어, 교재에 나타나는 다양한 언어 포인트가 언어 계통상 어느 것이 더 간단한 것이고 어느 것이 복잡한 것인지 판단하고, 어떠한 언어기능표현이 시리즈 교재 1,2,3권에서 어떤 순서로 배치하면 순환적으로 학습할 수 있을지 생각 할 수 있습니다. 또한 해당 언어현상에 대한 명확한 개념을 가지고 있습니다. 그러나 문학전공자 교사의 경우 이러한 개념이 부족할 수 있습니다. 네, 이것이 제가 주장하는 첫 번째 조건입니다.

우수한 교사는 다음 두 번째 기준, 필수 조건을 충족시켜야 합니다. 모든 좋은 언어교사라면 반드시 체계적 교수법을 가지고 있어야 합니다. 스스로가 이해하는 교수이론이든 교육심리학이든 다 좋습니다. 교육 대상과 어떤 방법으로 상호작용할 것인지, 수업에서 어떤 교학방안을 적용할지, 어떻게 수업시간에 맞게 교육 내용을 배치할지 등 스스로의 교육철학이(교육이념) 있어야 합니다. 이런 준비된 교사는 분명 교학방안 면에서도 훈련된 교사입니다. 이것이 제가 말하는 좋은 교사가 되기 위한 두 가지 조건입니다. 하나는 언어 본체의 이론과 해석에 대한 능력, 또 하나는 교수법 방면에서의 기본능력 및 수업장악능력입니다. 이 두 가지는 모두 필수적인 것이며 하나라도 빠진다면 결코 좋은 언어교사가 될 수 없을 것입니다.

(3) 교수법

셋째로 교수법 입니다.

앞서 교재와 교사에 대해 살펴보았습니다. 세 번째는 교수법에 대해 이야기해 보겠습니다. 본 절에서는 교수법의 세 가지 측면에 대한 내용입니다. 첫 번째는 approach측면 입니다. 이는 곧 교수이론과 원칙을 말합니다. 역사적으로 이미 출현했던 여러 저명한 교수법들 예를 들어, 암기법, 문법번역식 교수법, 청각·구두 교수법 그리고 현재 유행하는 과업중심 교수법 등 입니다. 이는 모두 approach이며 원칙적 측면이라 할 수 있습니다. 네, 두 번째 측면은 방법론적 (method)측면 입니다. 이 측면은 approach측면의 일부를 구체적으로 관철시켜 표현된 측면입니다. 예를 들어, 방법(method)은 통상적으로 교수요강, 교재의 집필, 교수원칙 등을 나타냅니다. 다음으로 실제 교육 중, 교사가 교실수업에서 일정의 교육기교를 가지게 되는데 이것이 기술적(techniques)측면입니다. 이 측면은 방법론적 측면의 구현이라 할 수 있습니다. 교수법은 많은 교육기술을 포함하고 있습니다. 주의해야 할 것은 어떤 교실 수업 기술이든 다 좋습니다. 그것이 교재 편찬의 원칙이든, 교육요람 및 교육과정의 요구든 이는 모두 두 번째 측면이고, 그것들이 직접적으로 첫 번째 교육원칙은 표현하고 있는가 모든 교육원칙은 모두 일정한 교육요람과 교육조건, 교육목적 및 구체적 교실 수업의 교육기술을 포함할 수 있는가 하는 것입니다. 이것이 교수법이 가진 시스템입니다.

네, 좋은 교수법의 시스템은 이러한 방면을 장악해야 할 뿐 아니라 교사로 하여금 명확히 좋은 교수법은 어떻게 교육이론을 관철시키느냐가 관건이 될 수 있습니다. 동시에 좋은 교수법은 교육대상 언어의 교육원칙 본질로써 명확하고 체계적으로 묘사할 수 있어야 합니다. 예를 들어, 언어로 얘기하자면 당신이 기능주의 교수법을 사용할지 구조주의 교수법을 사용할지, 만일 기능주의 교수법을 사용한다면 그에 맞는 교육 순서가 있고, 구조주의 교수법에는 구조주의 교수법에 맞는 교육 순서가 있을 것입니다. 중국에서 한 때 기능주의와 구조주의가 결합된 교수법이 강조되었는데 사실 기능주의와 구조주의를 결합한다는 것은 쉽지 않은 일입니다. 주지하다시피 기능주의 교수법은 먼저 기능적인 부분으로 우선적으로 배치하게 되는데 "见面"을 예로 들자면 먼저 인사, 사람 사귀기, 물건 사기, 사과하기, 축하하기 등의 순서가 될 것입니다. 이는 기능 항목에 따라 순서를 정한 것으로 일반적으로 사용되는 어떤 언어 수단을 표현하게 됩니다. 이러한 언어수단은 서로 다른 기능을 표현할 때 어떤 유형을 선택하나 할 때 "고빈도우선"의 원칙에 따라 선택합니다. 어떠한 언어교재든 일정한 어휘를 기준으로 쓰여지고, 어법 면에서도 사용빈도수가 높은 것으로써 선택되어 쓰여집니다. 동일하게 "道歉"의 경우에도 1학년 과정에서 출현하게 할 수도 있고, 2학년 과정에서 출현하게 할 수도 있으며 3학년 4학년 등의 과정에서 출현하게 할 수 있습니다. 그러나 그것은 표현 수단, 어휘, 어법 모두 동일합니다. 그러면 이는 기능주의 교수법에 근거한 교육요강인 것입니다. 동일하게 구조주의 교수법에 따라 교육요강을 정할 수 있는데 그렇게 하면 언어체계의 내부구조에 근거한 교육 요강이 되는 것입니다. 예를 들어 먼저 주술빈 구조를 가르칠지 주술술어문을 가르칠지 아니면 먼저 화제, 평서문 등을 가르칠지 하는 것입니다. 예를 들어 의문문을 가르친다면 가장 먼저 어떤 의문문을 가르치겠습니까? 이런 구조방면(어떤 언어계통인지를 막론하고)에서 보자면 모두 명확한 계통성을 가지고 있습니다. 이러한 계통성에 근거하여 교재의 편찬 순서를 정하는 것입니다. 예를 들어 일전에 许国璋 선생님의 영어교재와 미국의 교재 <영어900문>을 비교하자면 대부분 기능주의 교수법을 근거로 하여 쓰여졌습니다. 특히 《新概念英语》는 기능주의를 중심으로 편찬된 것입니다. 이렇든 당신이 기능주의 원칙을 사용하든 구조주의 원칙을 사용하든 결과적으로 반드시 어떤 한 가지 교수법을 명확하게 구현해야 합니다.

　그럼 지금 우리가 당면한 문제는 무엇일까요? 예를 들어 한국에서 중국어를 가르칠 때 혹은 중국에서 한국학생에게 중국어를 가르칠 때 우리가 사용하는 교재, 교사, 그리고 교수법 등 교재의 두 가지 기준을 만족시키는지, 교사의 두 가지 기준은 만족시키는지 교수법의 두 가지 기준은 어떠한지요? 이 여섯 가지 기준을 모두 만족시키고 있나요? 사실 현실은 결코 우리를 만족시킬 수 없는 상황입니다. 우리가 보는 수많은 교사들은 아마 언어교육 시스템 상 좋은 훈련을 받았습니다. 아마 중국어 전공이거나 중문과 출신으로. 그러나 그런 교사가 중국어를 가르치지 못하는 것, 이는 곧 교수법에 대한 이해가 부족한 것입니다. 그러나 일부 교육학원 출신의 교사는 교수법 방면에서는 제법 이해도가 높습니다. 예를 들어 한판(汉办)의 许琳 주임님은 교수법을 매우 중요하게 생각 하시는 데요. 선생님은 특별히 유치원 교사들에게 애정을 가지고 있습니다. 유치원의 교사들은 아이들을 정말 잘 가르치지만 이런 교사들은 언어훈련 방면에서는 정말 걱정스런 수준입니다. 기본적으로 언어의 체계성에 대하 이해가 부족하죠. 이 두 극단은 중국내외를 막론하고 나타날 수 있습니다. 교수법 방면에서 방금 제가 말했듯, 내가 봐왔던 중국내외에서 출판된 교재는 국외의 영어교재가 가지고 있는 명확한 교육이론과는 다릅니다. 예를 들어 《新概念英语》、《三L英语》、《英语900句》 등은 글의 첫머리에서부터 명확하게 교재의 사용자를 밝히고, 이 교재가 어떠한 교수법을 기초로 집필된 것인지, 이 책을 사용하는 교사는 어떠한 교육방법으로 가르쳐야 하는지 일련의 과정으로 엮인 교사용 교재를 가지고 있습니다. 이 교사용 교재는 사실상 수업의 순서나 교재 사용법을 상세하게 알려줍니다. 그러나 우리 교재는 이러한 체계성을 가지고 있는 것이 매우 적습니다. 첫째로 교재, 둘째로 교사용 교재, 셋째로 워크북. 이 중에서 워크북 역시 교수법이론에 근거하여 순차적으로 제시되어야 합니다. 그러나 우리에게 이러한 교재가 많습니까? 많지 않습니다. 따라서 이 방면에 우리는 계속해서 많은 일들을 해나가야 합니다. 한국어 교육이든 다른 언어이든 다 좋습니다. 그럼 언어 교수법이론, 즉 우리가 연구하는 이론은 실제로 국외보다 많지 않습니다. 중국에 있는 많은 교수법 이론은 모두 "수입"된 것입니다. 바로 외국에서 만든 것 이지요. 예를 들어 요즘 유행하는 과업중심 교수법은 사실 우리가 생각해보면 보면, 과업중심 교수법이 우리 언어교육과 정말 어울릴까요? 제 생각에는 아마 어려울 것 같습니다. 과업중심 교수법은 MBA과정의 교육영역 입니다. 아마 특별한 과업을 가지고 사회에 나가 실천해봄으로써 훈련의 목표를 달성하는 형태의 교수법 입니다. 그러나 언어 교육 방면에서는 과업중심교수법이 정말 큰 효과를 가져다 줄 수 있을까요? 우리가 알고 있듯 성공적인 언어 교육의 기준이 무엇입니까? 원래 20여 시간의 수업을 할 때 교육목표를 성공적으로 달성하기 위해서는 만일 과업중심 교수법을 사용한다면 30시간, 40시간이 되어서야 우리의 기준에 도달 할 수 있을 것 입니다. 왜냐하면 그 교수법은 수업시간 이외의 많은 시간을 투자해야만 그 과업을 달성할 수 있기 때문입니다. 따라서 과업중심 교수법은 결코 우리가 방금 얘기했던 기준에 도달할 수 없습니다. 좋은 교사, 좋은 교수법을 평가하는 또 다른 방법 중 하나는 바로 우리가 자주 얘기하는 "경제성"입니다. 좋은 교사는 복잡한 문제를 간단히 설명할 수 있어야 하며, 평범한 교사나 교재가 제대로 설명해내지 못하는 부분을 명쾌하게 풀어내 줄 수 있어야 합니다. 이런 교사야 말로 훌륭한 교사입니다. 좋은 교수법은 네 번의 수업을 해야만 마무리 할 수 있는 교육내용을 세 번의 수업만으로 목표에 도달 할 수 있도록 하는 것입니다. 이것이 좋은 교수법의 중요한 기준입니다. 우리의 현재 상황을 본다면 우리는 이 방면에 있어 더 많은 대안을 모색해도 부족하지 않을 것입니다.

네, 다시 돌아와서, 제가 아직 시간이 있나요? (웃음) 저는 한 번 얘기를 시작

하면 끝을 몰라요. 죄송합니다. 제 뒤에 세분이 더 계시니 간단하게 하겠습니다.

사실 동아시아 한자문화권의 중국어교육은 영어국가의 중국어교육보다 훨씬 우세합니다. 이유는 아시다시피 한국어도 그렇고 베트남어도 그렇고 모두 한자어가 많기 때문입니다. 게다가 이런 한자어의 발음과 중국어의 발음이 여러 가지 부분에서 유사성을 가지고 있다는 것입니다. 저도 한 학기의 시간을 들여 경험해 보았습니다. 한국어를 사용하는, 즉 한자를 기반으로 생활했던 한국학생학생을 가르쳐보니 한국에서 사용했던 한자어와 관련된 어휘는 확장이 가능했습니다. 예를 들어 "水", 이 글자를 가르치고 나서 그 학생들에게 "水"와 관련된 많은 어휘들을 유도해 낼 수 있었습니다. 저는 고작 몇 시간 강의 후에 학생을 가르칠 필요도 없게 된 것이죠. 저는 그저 학생들에게 한자어가 나오면 중국 현대 표준어 발음으로 발음해보게 하고 나면 놀랍게도 학생들은 발음해 낼 수 있었습니다. 이는 모든 언어학습자가 가지고 있는 선천적인 유추의 능력입니다. 그들은 이러한 발음 규칙을 장악하여 중국어를 공부할 때 어떻게 발음되는지 유추 할 수 있는 것 입니다. 그들이 한자어를 배운 적이 없다 하더라도 1·2주 정도 후에는 이러한 유추 능력을 갖출 수 있습니다. 이는 한국학생에게 중국어를 가르치는 매우 중요한 지름길 입니다. 그러나 우리는 현재 한국한자어의 법칙으로 교재를 편찬하고 만드는 경우는 적습니다. 사실 이는 충분히 발굴하고 교육 효율성을 높일 수 있는 방법입니다. 다만 우리가 생각해야 할 것은 한자어를 사용하여 교육할 때 그 유형은 같지만 의미 면에서 완전히 다른 예들이 있다는 것입니다. 제가 부산에서 교육할 때 한 한국여학생이 제 수업을 참 좋아했는데요, 한 번은 그 여학생이 제게 "老师, 你很多情。"이라고 말하는 것입니다. (웃음) 저는 깜짝 놀랐죠. 만일 제가 그 여학생에게 "多情"한다면 제가 문제가 있는 것이니까요. (웃음) 나중에 자전을 찾아보곤 나서야 한국에서 "多情"이 다정하고, 친절하다는 의미라는 것을 알게 되었습니다. 그제야 한 숨 돌렸죠.

네, 여러분 감사합니다.

김현철 교수: 예. 발표해주신 선생님께 감사드립니다. 다음으로 마카오 이공대학의 周荐 선생님의 발표를 청해 듣겠습니다.

마카오이공대학 **周荐**

감사합니다. 김현철 교수님. 참석하신 모든 선생님들 그리고 학생 여러분 감사합니다. 인사말을 좀 하자면 제가 김현철 교수님의 초대를 받고 정말 황송했습니다. 이유는 국제 외국인 대상 중국어 교육 학회이기 때문입니다. 비록 제가 전공하긴 했지만 처음 가르쳤던 것이 벌써 오래 전 일이기 때문입니다. 제가 20여 년 전에 한국에서 중국어를 가르친 적이 있었는데, 나중에 南开로 돌아왔고, 다시 마카오로 오고 나서도 비슷한 교육을 담당했었습니다. 그러나 그것이 제 주 업무는 아니었습니다. 제가 이번 학회의 주제를 받고 나서 저는 저의 느낀 바를 여러분들께 들려드리고자 합니다.

무엇부터 이야기해야 할까요? 저는 2008년 南开를 떠나 마카오 이공대학으로 오고 나서는 저의 연구분야나 제가 문제를 보는 시각이 조금은 달라졌습니다. 이전의 연구 분야는 정말 중국어의 본체만을 연구했다면 지금은 언어 접변 현상, 국제문화교류 특별히 양안간의 언어 변이에까지 이르렀습니다. 이는 제가 지금까지 힘써 연구하고 있는 분야입니다.

사실 일본이든 한국이든 아니면 다른 나라든 중국어 교사는 대륙에서 공부하지 않고 대만에서 중국어를 배웠습니다. 당연히 지금도 일부는 대만에서 졸업한

분이 계십니다. 저도 예전에 广州에서 회의가 있어 갔는데 어떤 일본인 선생님 한 분이 아주 뛰어난 중국어로 제게 말씀하셨습니다. "我跟你说(suo)! 我跟你讲喔!"(台湾의 말투) (웃음) 저는 台湾에서 오셨어요? 라고 했고 그분은 "我是(si)日本的! (저는 일본사람입니다.)"라고 대답했습니다. 그는 완전히 台湾의 어투로 말하고 있었습니다. 그때 저는 국제중국어교육이 대륙을 통해 국제화되고 학생들도 대부분 대륙에서 공부하겠지만 여전히 일부 사람들은 台湾에서 중국어를 배우고 있습니다. 실제로 台湾에서도 중국어 교육방면의 발전을 위해 노력하고 있으며 그들의 모국어 역시 중국어인 것도 분명하지요. 예를 들어 대만사범대학은 내년 5월 29일이면 화어문화교육원(华语文化教育院) 창립 60년을 맞습니다. 그들 역시 꾸준히 중국어 보급에 힘쓰고 있고 그들도 "화어(华语)"를 사용하고 있습니다.

제가 생각했을 때 제가 지금 이 자리에서 양안간 중국어 발생에 대한 어떠한 차이를 보고, 이러한 차이가 있다면 과연 그것을 중시해야 할까요? 두 가지 경우 모두 대외중국어의 교사이니 이러한 차이를 홀시할 수 있을까요? 아니면 차이를 중시해야 할까요? 이는 우리가 생각해 봐야 할 문제입니다. 실제 중국대륙은 정치적인 원인으로, 또 우리 대륙 전체를 보아도, 지금은 홍콩과 마카오도 포함하여 중국어가 가진 이러한 차이는 그리 쉽게 발견되지 않습니다. 대륙은 말할 것도 없거니와 홍콩의 표준어 사용자 선생님은 대부분 내륙에서 건너온 사람들이어서 그들의 표준어 실력은 상당합니다. 그러나 대만의 경우는 다릅니다. 음운, 어법, 어휘에 관계없이 모든 부분에서 문제가 있습니다. 그러나 대만의 교사들에 대해 말하자면 그들 스스로는 그 문제를 자각하고 있지 못합니다. 예를 들어 "十七"의 "七"은 제1성 이지만 그들은 제2성으로 발음합니다. 예를 들어 "扔垃圾"의 경우 그들은 "扔乐色"라 합니다. 사실 원래대로라면 "扔乐色"라고 하는 것이 맞습니다. 상하이에서도 이렇게 말합니다. 해방 이후 글자를 읽으면서 곧 발음이 변하여 垃圾가 되어 편하게 발음하다 보니 그렇게 된 것입니다. 이러한 독음의 변화는 적지 않습니다. 어법의 상황에서도 마찬가지 입니다. 제가 특별히 마카오 방송국의 프로그램 '澳亚卫视'보는 것을 좋아하는데요, 그 프로그램에서 대 여섯 명의 대만 명사회자, 그러니까 말을 아주 잘하는 분들을 모시고 국제시사에 관한 주제로 방송을 진행한 적이 있었습니다. 저는 그 때 그들의 말에서 두 가지 주목할 만한 사실을 발견했습니다. 하나는 "那"를 사용하기 좋아한다는 점입니다. 우리도 그 말을 안 하는 것은 아니지만 우리는 사용해야 할 때만 사용하는 것에 비해 그들은 "那"를 꼭 써야 하는 상황이 아님에도 아주 빈번하게 사용하고 있었습니다. 또 하나는 "说"입니다. "说"의 경우도 상당히 자주 사용하고 있었는데요. 이 경우 어법 면에서 그러했습니다. 어휘의 경우는 더 많았습니다. 그럼 제가 살펴본 양안 간 어휘의 차이는 어법과 발음상의 문제보다는 훨씬 더 많았습니다. 결코 홀시할 수 없는 부분입니다. 제가 이전에 통계를 내 본 적이 있었는데, 바로 양안간의 사전을 바탕으로 통계를 내고 비교해 보았었습니다. 우리 대륙의 사전으로 가장 권위 있는 《现代汉语词典》으로 하였고,(이하《现汉》으로 약칭), 대만은《现编国语日报词典》(2000)으로 선택하였습니다. 그 이유는 이 사전의 전신이 바로 1974년의《国语日报词典》이었고, 이 사전의 편찬자가 何荣 선생님이셨기 때문입니다. 何荣 선생님이 어떤 분이신지 궁금하시죠? 何荣 선생님은 국민정부가 대만으로 광복 후 대부분의 대만사람이 일본정부가 실시한 반세기의 환원화 교육 영향으로 모국어는 구사하지 못하고 일본어만 구사할 수 있게 된 것을 발견했습니다. 그러한 사실에 놀라 즉시 국어보급위원회를 결성하여 대륙으로부터 두 사람을 파견토록 했는데 한 분이 魏建功 선생님이시고, 다른 한 분이 바로 何荣 선생님입니다. 나중에 魏 선생님은 베이징 대학으로 돌아가셨고, 何 선생님은 대만에 남으셨습니다. 대만의 국어에 대해 그는 혼신의 힘을 바친 한 사람이라 할 수 있습니다.

비록 이러한 보급은 실제적 계획이었으나 양안간의 단절이 너무 오래되기도 하였고, 심지어 대립하는 양상에 이르게 되어 상대가 '동쪽'을 말하면 반대로 '서쪽'을 말하는 지경에 이르러 양안의 중국어 어휘는 제가 느끼기에 차이가 점점 더 벌어지는 것 같습니다. 제가 이 두 사전을 비교해 보았을 때 내용들 간의 차이가 많은 것은 아니었습니다. 《现汉》1996년 판본을 시간적으로 가까운 《新编国语日报词典》 2000년 판본과 비교해 보았을 때 두 판본의 내용이 상당히 근접해 있고, 모두 6만이 넘는 수량이었습니다. 4자구 격식은 두 사전에서 모두 많은 양을 수록하고 있었습니다. 《新编国语日报词典》는 6000여개, 정확히 말하면 11.11%이고, 《现汉》의 경우 4000여개로 8%정도였습니다. 이러한 차이를 보면, 쌍방 간 더 많은 격차를 두고 있는 것입니다. 자세히 보면 어디가 다를까요? 우리는 대량의 사자성어가 여전히 대만에서도 사용되고 있다는 것을 발견했고, 이러한 사자성어는 결코 대만사람이 만든 것이 아니며, 우리 중국어 본래 가지고 있던 것입니다. 그러나 대륙의 중국어는 점점 더 통속화되고 있습니다.

많은 문제에 대해 생각해 보았습니다. 두 가지 문제에 대해 주목해야 합니다. 한 가지는 우리 중국어 교사가 양안간의 중국어 차이를 홀시해서는 안 된다는 것이고, 또 다른 한 가지는 우리가 "大汉语"의 개념은 만들어야 하는 것은 아닌가 하는 것입니다. 우리는 모두 "汉语"라고 말합니다. 우리는 모두 汉语를 모국어로 하고 있습니다. 모두 "汉语"가 자신의 모국어임에는 동의합니다. 그러나 이러한 차이는 명백히 드러나고 있으며 쉽게 발견되며 존재하고 있습니다. 결코 홀시해서는 안 되는 것입니다. 汉语의 차이가 존재한다는 것은 인정해야만 비로소 함께 이 문제에 대해 토론할 수 있고, 또 마음의 거리를 좁히어 단결할 수 있고 점차 멀어지는 상황을 막을 수 있을 것입니다.

또 하나의 문제는 차이의 존재를 인정한 후에 교재 편찬의 문제를 해결해 나가는 것입니다. 양안이 함께 이 문제에 대해 연구해야 하지 않겠습니까? 교재 편찬과 동시에 진행해야 할 일이 바로 사전편찬입니다. 물론 이 일을 누군가는 이미 하고 있습니다. 얘기하자면 양안이 협동하여 사전을 편찬하는 일에 대하여서는 대만의 저명한 학자 何景賢선생님, 대륙의 李行建선생님 등 일정부분이 벌써 결의가 된 사실입니다. 그러나 그들이 이 사전을 편찬하는데 동의한 것은 결코 언어교육자로서의 의무 때문도 아니고 제2언어교육에 대한 서비스차원도 결코 아닙니다.

그럼 양안의 선생님들이 함께 더욱 많은 사람이 사용할 수 있고, 대외중국어교육에 더욱 적합한 교재를 만들 수 있지 않을까요? 이 부분에 대해서는 아직 실제적인 결과물은 없습니다. 저는 오늘 이 의견을 참석하신 선생님들과 학생 여러분에게 제안하고 싶습니다. 여러 선생님들에게 흥미로운 주제가 되길 희망합니다. 감사합니다.

김현철 교수: 오늘 우리가 모신 네 분의 선생님 모두 이미 한국의 유능한 학생들을 키워내신 분들입니다. 다음으로 산동대학의 盛玉麒선생님입니다.

(박수)

산동대학 **盛玉麒**

참석하신 모든 교수님과 선생님 학생 여러분 반갑습니다. 제게 이런 발표의 기회를 주신 김현철 교수님께 감사드립니다. 오늘 여러분들과 함께 이 분야에 대한 폭넓은 지식들을 나눌 수 있기 바랍니다. 발표의 주제는 제가 곰곰이 생각

하고 또 생각하여 "基于中韩交集汉字词知识库的双语教学智能平台研究"로
하였습니다. 주제이지만 15분 내에 설명해야 하니 복잡한 부분은 간략하게 설명
하도록 하겠습니다. 저는 문자학을 전공하였습니다. 어휘학으로 박사학위를 받
았지만 제가 하는 연구는 중문 정보처리 입니다. 제가 2000년대에 "新世纪网
络课程行动计划"을 받았습니다. 저는 현대중국어 온라인 커리큘럼의 설계를
맡고 있습니다. 제가 중문정보처리라는 지식적 배경을 가지고 있었기 때문에 아
무래도 논증할 때, 지식처리 전문가 라이브러리를 이용할 수 있는 이점이 있었
겠죠. 이용하여 전문가시스템이라는 이러한 맥락을 이루었습니다. 그래서 제가
설계한 커리큘럼의 많은 부분이 적합하게 설계되어 대부분 채택되었습니다. 나
중에 일본의 안동대학으로 와서도 이러한 일들을 했었습니다. 그래서 저는 중
국, 한국, 일본의 한자어에 관심이 많습니다. 사실 저의 제1외국어는 러시아어
인데 그렇게 된 것이 제가 자란 곳이 동북지방이었기 때문에 러시아어를 배우기
좋았죠. 제2외국어는 제가 대학원에 재학 때 배운 일본어 입니다. 문학을 공부
하다 보니 일본어를 공부하는 것이 도움이 될 것 같았습니다. 박사과정 때는 반
드시 영어시험을 봐야 했기 때문에 반 강제적으로 영어도 조금 배워야 했습니
다. 네, 오늘의 주제는 제가 이미 언급했듯 교집합 한자어(交集汉字词)문제입
니다. 저는 이번에 이 부분에 대해 집중적으로 이야기하고자 합니다.

交集汉字词知识库的双语教学智能平台 현상은 다음 몇 가지로 나눌 수 있
습니다. 첫째는 시대적 배경 즉, 현재 우리가 처해있는 시대입니다. 제가 이전에
마카오과학기술대학교의 방문교수로 있을 때 그곳의 국제중국어전공, 중국어
문학과 제2언어 습득에 관한 수업을 하게 되면서 그곳의 학생들과 자주 만날
수 있는 기회가 있었습니다. 제가 수업을 하면서 언어에 관한 지식적 내용을 야
기할 때마다 제가 설명하기도 전에 학생이 휴대전화로 정답을 검색해 찾아낼
뿐 아니라 심지어 그 답이 매우 상세한 것이었습니다. 제가 내주는 과제에 대해

학생들의 답안은 매우 화려했고 만일 몇 년 전이었다면 저는 그런 과제를 받고 분명 모두 만점을 줬을 것입니다. 많은 선생님들이 생각지 못한 것을 학생들은 인터넷 상에서 매우 빠르게 검색해 냈습니다. 그래서 저는 극단적이지만 두 가지 계통으로 연구의 방향을 바꾸었습니다. 바로 철학적 언어학으로의 전환을 바탕으로 한 '인간관계 시스템'과 '인간과 기계의 시스템'입니다. 언어학을 하는 사람들은 철학적 언어학의 굴레 안에 있게 됩니다. 여기서 말하는 철학적 문제라는 것은 철학의 사유 과정이 '본체론'에서 '지식론' 그리고 '분석론'으로 가다가 마지막에 '언어론'으로 귀결되어 최종적으로는 언어를 통해 철학을 연구하기 때문입니다. 저는 철학적 언어학으로의 전향과 어휘주의추세에 대해 제시해 보고 싶습니다. 아마 우리가 정보처리의 각도에서 보면 어법기능, 어법규칙은 점점 더 복잡해지고 그에 따라 기계의 연산시간은 점점 더 오래 걸리 것이고, 또 그렇게 되면 어법규칙의 문제를 어휘상에서 논하면서 어휘가 가지는 본연의 속성은 언어 연산의 과정 중에 줄어들게 될 것입니다. 동시에 우리가 가령 형용사 앞에 정도부사를 추가할 수 있다고 한다 하더라도 이러한 규칙을 궁극적으로 사용하려고 하면 그럴 수 없는 때가 있습니다. 그러면 저는 이러한 규칙을 컴퓨터에 저장시키고, 모든 형용사 앞에 정도부사를 삽입하도록 하거나 혹은 정도부사 뒤에 판단류 형용사가 보이면 모두 틀린 것으로 하게끔 입력시킵니다. 외국인을 가르칠 때도 동일하게 적용합니다. 따라서 어휘위주의 교육은 어휘의 속성에 대해 더욱 깊이 있는 고찰을 해야 하며 그 차례나 범주 혹은 세부적인 부분까지 설명해야 합니다. 예를 들어 원래 비위 형용사인 것, 주덕희 선생님은 그러한 형용사를 '구별사'라 구분 지으신 것 등입니다. 이는 철학적 언어학으로의 전향이며 우리 언어학에 있어서는 새로운 기회입니다. 이 두 가지 계통(인간관계 계통, 인간과 기계의 계통)은 말할 것도 없습니다. 이는 새로운 매체이며, 빅데이터이자 인터넷 정보입니다. 이는 우리가 과거에 얘기했던 정보폭발입니다. 이는 우리에게 더 많은 번거로움을 가져다 주었습니다. 이제 우리는 이러한 정보 폭발을 대면하고 폭발 이후의 정보가 정말 모두 쓸모 없는 것인지 분별해야 합니다. 우리에게 그것을 모두 쓸모 없는 것이라고 취급할 수 있는 권리가 있지만 다 필요 없습니다. 소용없습니다. 우리가 다운로드하고 검색하고, Baidu든 다른 사이트든, 다운받는 것이 당신이 검색한 하나이든 몇 십만 몇 백 만개이든 당신은 다 볼 수도 없습니다. 모두 보면 그 다음 어떻게 하시겠습니까? 그 중 많은 부분은 또한 중복되는 정보입니다. 그러나 실제로 제가 느끼기에 현실적으로 모든 존재하는 정보는 합리적이고 우리는 그것을 인정해야 합니다. 우리는 방법이 없습니다. 그러므로 어제 우리가 김교수님과 이야기를 나누며 김교수님께서 하셨던 한마디에 저는 격하게 동의합니다. "이것은 우리의 운명입니다!" 우리는 이 세대를 살며 정보혁명과 마주하고 있습니다. 그런 후 정보폭발이 있었고, 그런 다음 빅데이터가 나왔으며 그런 후에 빅데이터에 대처하는 방법이 생겼습니다. 그리고 지금 새로운 매체 우리가 매일 사용하고 있는 핸드폰이 우리의 손 안에 있습니다. 과거에는 "주머니에 넣는 도서관"이라 했던 여숙상 선생님의 글은 중학 교과서상에 실리기도 했습니다. 그러나 현재의 휴대폰은 손바닥 안에 있는 세계로 향하는 창문입니다. 당신은 모든 일은 휴대폰으로 처리할 수 있게 되었습니다. 따라서 이것은 새로운 전쟁입니다. 사회가 다원화되고 소통이 줄어들고 지식은 파편화되며 서비스는 개별화되고 있습니다. 이 네 가지는 제가 생각했을 때 우리 외국인 대상 중국어 교육이든 본체연구이든 응용언어 연구이든 우리 사회생활, 업무방식 모두에 이 네 가지 변화가 실려 있습니다. 사회 다원화로 인해 우리는 서로 존중하고 이해해야 합니다. 소통의 소멸로 현재 우리는 단칼에 재단하거나 하나의 기준을 제시할 수 없습니다. 지식의 파편화로 인해 당신을 하나의 큰 계통을 가질 수 없고 그것을 적용할 수 없습니다. 모두가 바쁘고, 빠른 리듬으로 살아 파편화 되고 파편화 된 후에는 다시 과학적 조직을 이루어 우리에게 새로운 임무를 주고 있습니다. 서비스의 개별화는 과거의 피교육자의 수준에 맞는 교육, 즉 교육의 개별화와 비슷합니다. 이는 공자의 이념이며 이상이었지만 여전히 그 수준에 이르지 못하고 있습니다. 그래서 앞으로 혹은 현재 이러한 개별화 교육을 맛보고 있는 것입니다. 요즘은 "1대1"교육의 모형이 유행하고 있습니다. 이러한 인터넷 교육을 통해 새로운 개별화 교육이 새로운 교육모형을 구현해 낼 수 있을 것입니다.

그럼, 두 번째 현황 분석으로 학습 내용, 통일된 규범의 학습요강, 최적화 최우선의 언어 항목, 그리고 세 번째로 권위 있는 언어교육시험, 이 네 가지입니다. 저는 86년에 단어의 사용빈도에 대한 통계를 내어 "信息处理用现代汉语三万词语集"란 제목으로 국가에 제출한 적이 있습니다. 그 통계 결과로 성(省)내에서 수상한 적이 있습니다. 당시 한판의 刘英林교수님, 지금은 홍콩에 계시는데요. 선생님께서 HSK요강을 만드실 때 사용하셨습니다. 당시 19종을 사용하셨죠. 그때부터 지금까지 이미 십여 년이 지났습니다. 그러나 제가 생각 했을 때 학과 안에, 저는 그 때 문학영역의 수업을 했었는데요, 다른 전공의 수업을 할 때, 모든 교재 중에서도 오직 외국인 대상 중국어 교육 만 통일된 교육 요강이 존재했습니다. 최적화 최우선의 언어 항목, 권위 있는 언어교육시험. 다른 수업은 모두 교사가 문제를 내고 학생이 답을 하여 본인의 학생들에게 채점하도록 했습니다. 이는 HSK와는 완전 다른 모양입니다. 이는 매우 중요한 문제입니다. 따라서 모든 외국인 대상 중국어교육을 하시는 선생님들께 매우 높은 수준의 요구를 하는 것입니다.

세 번째로 분석할 것은 학습자 입니다. 학습자의 의지식배경, 능력, 학습도구, 학습방법. 제가 느끼기에 현재 젊은이는 시대의 마치 투사와 같습니다. 微信(Wechat: SNS의 일종)은 겨우 몇 개월이면 할 수 있게 됩니다. 제가 작년에 미국 화문 교육 연수를 갔을 때 저는 당시 微信이 없었습니다. 한 박사과정 선생님께서 제 휴대폰에 다운로드 해 주셨습니다. 당시 저는 제 휴대폰의 비밀번호도 모르고 있을 때였는데 말이죠, 왜냐하면 제 아이들이 휴대폰을 사다 준 거라서요. 그리고 나서 나중에 저는 微信을 할 수 있게 되었습니다. 처음에는 E-메일, 나중에서는 문자, QQ, 이런 것들은 끊임없이 나오고 있습니다. 그러면 이러한 것들은 외국인 대상 중국어 교육에서 이미 그 기능을 하고 있다고 봐야 합니다. 작년에 화동사범대학교에서 각 사람에게 하나씩 Ipad를 보급해 주었습니다. 게다가 지금 홍콩에서 학회를 개최하면 그들은 연구에 도움이 되시라고 Ipad를 주고 학생들은 수업할 때 그것을 사용하는 이런 시스템이 이미 정착되어 있습니다. 그렇게 하면 여건이 다른 학생이라도 함께 과제를 작업할 수 있게 됩니다. 이러한 모델은 제가 느끼기에 아주 쉽게 실현될 수 있다고 생각합니다. 2002년 제가 일본에 있을 때 그들이 사용하는 휴대폰에 대해 요금을 지불하면 또 다른 휴대폰을 하나 줍니다. 국내에서 휴대폰 한 대에 2천위안이 넘습니다. 저는 지금까지 이해하지 못합니다. 그러나 지금 그런 휴대폰 증정을 이해합니다. 이러한 것들은 우리에게 학습을 제공해주는 새로운 방식입니다.

네 번째 현상은 한국학습자에 대한 분석입니다. 우리는 지금 한·중 간의 이야기를 하고 있습니다. 그럼 한국인 중국어 학습자는 1850개의 한자를 알고 있는데, 이는 교육부가 재정한 것입니다. 왜냐하면 제가 2010년에 안동대학에서 한·중 한자 연구만을 한 적이 있었습니다. 연구 중 보게 된 글 중 어떤 것은 60%이상, 어떤 글은 70%이상이 한자어였습니다. 이번에 다시 4-5년 동안 한국에 머물면서 아주 많은 중국어사전에 수록되어 있는 많은 한자어를 발견할 수 있었습니다. 방금 김현철 교수님께서 언급하셨듯 이러한 한자어는 제가 원래 현대중국어사전을 들어 비교하고자 했습니다. (나중에 제가 여러분들께 보여드리겠습니다.) 비교하며 살펴보니 교집합 부분이 매우 많았습니다. 그러나 저는 이번에 현대중국어사전에는 수록되어 있지 않은 한자어가 많다는 사실을 알게 되었습니다. 분명 현대중국어사전에는 없지만 실생활에서 빈번하게 사용되고 있는 한자어가 60%이상은 되어 보였습니다. 생활한자문화권 안에서는 사실 시골이나 민속촌 등으로 가게 되면 서예작품들 쉬이 찾아 볼 수 있습니다. 또한 4대 명작(중국의 4대 명작 "삼국연의" "수호전", "서유기", "홍루몽")의 번역서 및 중국의 역사서 등이 모두 중국문학에 포함되어있었으며, 국민 교육 안에 포함되어 있었습니다. 유학(儒学)연구회와 같은 성격의 연구회도 있었습니다. 이번 안동의 문학연구회에서 개최한 행사에는 낭독·낭송회도 있었습니다. 저는 그 당시 흥분했습니다. 왜냐하면 중국에서 낭송 낭독 이런 것이 많이 않았기 때문입니다. 문제는 첫째로 교재의 국가 개별화에 대해 더 좋은 대책이 있는가, 방금 김교수님께서 말씀하신 것에 대해 저는 매우 찬성합니다. 바로 교재가 교육에 있어 가장 중요한 것인가? 혹은 그 교재가 올바른 교육이념, 교수이론, 방법 등을 가지고 있는가 이러한 교재는 실상 매우 적습니다. 또한 참고 서적으로 현대중국어사전(제가 뒤에 예를 들겠습니다만)을 대부분의 사람들이 사용하고 있습니다. 그러나 현대중국어사전이 외국인 대상 중국어 교육학습을 위해 만들어 진 것은 아니며 수준별로 수록된 것이 아니고, HSK의 참고서도 자습서도 아닙니다. 제가 알기론 HSK시험은 결과로 보자면 연관성이 있었지만 나중에 알게 된 사실은 그 시험을 치르고 난 후에 그 문제는 모두 소각해 버린다는 것입니다. 즉 다른 등급의 시험은 볼 수 있지만 당신이 왜 틀리고 왜 맞았는지 이 시험은 응시자에게 불합리한 조약을 채결한 듯한 모습이었습니다. 왜냐하면 가르치는 입장에서, 예전에 한 회사가 있었는데 그 회사는 HSK모의고사를 치르고자 했었죠. 그런데 문제를 너무 어렵게 출제해 우리에게 먼저 풀게 했고, 그것은 똑 같은 전자판이 있어 나중에 보니 정말 우리가 낸 문제에 정확한 답이 있고 나중에 맞고 틀리고를 판별할 수 있게 되어 있었습니다. 제가 채점할 때 어떤 사람이 당신에게 왜 틀렸냐고 물으면 이에 대해 답하기는 여간 힘든 것이 아닙니다.

교사로서 우리는 김교수님 말씀처럼 답이 그렇다는 것도 알아야 하고 그렇게 된 까닭도 알아야 합니다. 따라서 이 방면에 있어 교사와 학생간의 커뮤니케이션이 있는 것이 중요합니다. 결과와 과정은 인터넷 자원, 그리고 우리 손 안에 있는 여러 자원들을 활용하여 컨트롤 할 수 있어야 합니다. 저는 이번 토론회에서 우리 손 안의 자원에 대해 이야기 하고 자 했습니다. 둘째로, 학습자 주도 학습입니다. 피동적인 것이 아닌 맞춤형, 개별화, 지식기반, 즉 지식적 내용을 전달 할 때 학습자의 인지구조에 부합하는 방향으로 적용할 수 있도록 하는 것이다. 또한 실용성, 자원, 유한한 자원 안에서 그 자원을 개발하고 발전시켜 학습자의 욕구를 충족시키는 쌍방향성 교류가 이루어져야 합니다. 교사와 학생 간 필요에 의해 모든 사람들이 시간과 장소, 방식에 구애 받지 않고 질문하고 문제를 해결하는 모습이 될 수 있길 희망합니다. 이는 제가 인터넷 강의를 진행할 때 구성주의 이론을 통해 현대교육기술인터넷수업이라는 이론을 실현해 보았습니다. 인터넷을 통해 더욱 우호적으로 정확하며, 편리하고 실효성 있는 문제해결이 있길 소망합니다.

【함께 제시된 PPT 내용】현대중국어사전의 사례를 보도록 하겠습니다. 우리에게 익숙한 예시인데요. 예를 들어 학생들에게 익숙한 "把"를 보면, "把"는 1급 단어입니다. 원래는 갑(甲)급이었지요. 여기에 "把"에 관련한 많은 예문들이 수록되어 있습니다. 학생들에게 이 사전이 있고, 교사에게도 이 사전이 있지요. 그러나 수업을 할 때 교사는 이 사전에 의존해서 할 수는 없습니다. 분명 이 사전을 사용하지는 않습니다. 학생은 사전을 보고 나서도 어떻게 사용하는지를 분명히 알 수 없습니다. 그런데 왜 사전적 통계라고 말하는지요? 사전적 지식은 정태적 지식입니다. 하나의 누적된 결과일 뿐이며 사전 안에 정태적 언어의 단

어사료들은 고대, 현대, 중국, 외국, 규범적인 것과 통속적인 것이 뒤섞여있는 복잡한 형태 입니다. 우리가 가르칠 때 반드시 주의해야 할 것은 요즘의 학생들은 공부할 때 사전적 언어포인트를 따라 교사에게 질문하게 되는데 이러한 문제는 상당히 번거롭습니다. 따라서 우리는 학생들의 학습전용 사전이 필요합니다. 저는 현대사전의 예문을 분석하여 현대중국어사전이 인명, 지명, 조직, 기구, 사물, 자연현상, 해와 달과 별과 성, 산천하류 등의 한자어 혼용을 포함하여 외국인 대상 중국어 교육에 부적합하다는 것을 느꼈습니다. 또한 반대로 적용되는 사자성어의 사용도 그렇습니다. 어떤 사자성어는 중국과 한국 똑 같이 사용되지만 어떤 것은 반대로 사용되기도 하는데요, 예를 들어 "来年"입니다. "来年"은 방언을 찾아보면 그렇게 사용되는 예를 찾아 볼 수 있지만 한국에서는 통상적으로 "내년", "내일"이라고 말합니다. "鸡蛋"은 "계란"이라고도 하고 "닭알"이라고도 합니다. 啤机-맥주, 试听-시청 등이 있습니다. 예문들 중 일부는 일본의 한자어와 동일합니다. 이는 일본에서 빌려 쓰는 것이거나 우리가 일본에게 빌려준 것이겠죠. 어떤 것은 모두 근대중국어의 단어입니다. 그러니까 고대의 문언에서 사용되던 단어가 현대중국어에서는 사용되지 않는 것들 또는 자체적으로 만든 것들, 예를 들어 办公室-사무실, 停留场-정류장 등입니다. 또 '吞甘吐苦-탄감고토'를 보면, 이는 단어는 지만 동사는 뒤에, 명사는 앞에 오는데요 원래는 '탄감토고'라고 합니다. 그러나 한국어에서는 동사를 뒤에 두어 중국어대자전을 보면 사실 많은 성어들이 원래는 이러한 모양인 것을 알 수 있습니다. 이렇기 때문에 한국어에서 빌려 썼다는 말이 있죠. 그래서 이런 구조관계 역시 하나의 한자문화와 한국문화의 비교로 한쪽으로 귀속될 수 있다고 생각합니다.

또 하나, 한자 교집합 구조를 보면 구문문법으로 인해 최근 몇 년 동안 논의가 뜨거웠던 부분입니다. 지난 몇 개월 간 육검명 선생님과 토론해 본 적이 있습니다. 어떤 분이 구문문법이 뭔가요? 라고 물었습니다. 사실 구문은 언어의 단어, 구문 등등 많은 부분을 포함하는 것입니다. 제가 말하는 구문은 광의에서의 구문입니다. 만약 이러한 구문문법에 대해 말하면 이 역시 구문 안에 속해있는 것이 됩니다. 예를 들면 돌머리-石头脑袋가 있습니다. 완전히 고정격식이고 石头가 돌입니다. 이 한자어에서는 중국어와는 전혀 상관이 없습니다. 그러나 구조 방식은 중국어와 같습니다. 그래서 구문의 의미는 바로 구조를 이루는 방식이고 그것은 단어의미상 관계상으로 보았을 때 어느 정도 연관성이 있습니다. 그럼 한국어의 구조 방식과 중국어의 구조 방식의 상관성을 보자면 우리는 예를 들어 술어+정도보어, 즉 "累死了", "烦死了", "饿死了"등과 같은 예문을 발견할 수 있습니다. 한국어의 말하는 방식은 중국어와 완전히 일치합니다. 그래서 한자어의 측면을 초과하여 그런 단어의 의미구조방식, 기능방면에서 모두 교집합이 생길 수 있습니다. 이것이 "双语"입니다. 한국어와 중국어가 공유하는 기초인 것입니다. 그럼 HSK의 익숙한 새로운 단어는, 이전의 통계에 따르면 당시 (구)HSK에서 반은 익숙하고 반은 새로운 많은 한자어 교집합이 있었고 저는 여기서 이야기한 반은 익숙하고 반은 새로운 단어는 익숙한 것은 HSK요강 안에 있는 단어이고, 낯선 단어가 새로 배우는 단어였습니다. 이런 예는 상당히 많습니다.

예측 기반의 지식베이스는 매우 중요합니다. 바로 학생과 교사 모두 도움을 받을 수 있기를 바라기 때문에 서로의 필요가 곧 타인의 필요에 맞는 도움이 될 수 있습니다. 예를 들어 교사는 연습문제가 필요하고 그 연습문제 안에서 새로운 단어를 찾고 익숙한 단어를 찾아, 부합하는 조건을 제시하는 이 모든 것을 지식베이스 안에 포함시킵니다. 그런 후 데이터 분석 및 새로 배울 내용을 찾습니다. 가장 중요한 것은 학습자가 현재 가지고 있는 지식의 양입니다. 그럼 학습자의 지식양에 따라 어떻게 도울 수 있는지 생각 할 수 있어야 하는데요, 제가 한 가지 방법이 있는데 여러분께서 한 번 들어보시죠. 바로 매 수업시간 마다 과제는 내거나 작문을 하며 먼저 학습자의 모국어로 한 번 쓰게 하고 다시 중국어로 번역하여 한 번 쓰게 합니다. 이런 과정 중에 실수는 반드시 일어나게 됩니다. 수업을 마치고 두 번째 수업에서 학생에게 오류를 수정하라고 합니다. 그리고 다시 수업을 진행합니다. 세 번째에 다시 학생으로 하여금 스스로 오류를 수정하도록 합니다. 이 방법은 제가 몇 개의 학교에서 진행해 보았고, 영어를 가르칠 때에도 사용해 본 방법입니다. 이렇게 하면 먼저 학습자의 원래 의도를 파악할 수 있고, 그의 오류를 간파할 수 있습니다. 지금 제가 학습오류분석을 할 때, 예를 들어 유리를 닦을 때, 어떤 한국 학생이 말하길 "手不进去(손이 안 들어가요)"라고 했는데 사실 이 상황에서 학생이 하고 싶었던 말은 ""手进不去", "手不能进去"(손이 들어갈 수 없어요)"입니다. 그럼 학생에게 모국어로 한 번 말하게 하여 학생의 발화 의도를 살핀 후에야 정확하게 오류를 교정하도록 할 수 있게 되는 것 입니다.

두 언어의 균일한 언어자료(말뭉치)를 만들고, 교집합에 있는 한자어 말뭉치를 만드는 것. 이것은 우리 모두 함께 다양화된 사용자의 언어자료를 분석하여 향후 창의적 협력을 통해 함께 누리는 기쁨이 있길 바랍니다. 감사합니다.

산동대학 **高新**

안녕하십니까, 제 소개를 하겠습니다. 저는 산동대학 국제교육원의 교사입니다. 중국어를 가르친 지 올해로 꼭 30년이 되었습니다. 최근 2년간은 교사양성에 관한 일을 하며 대략 150여 분의 수업을 들었습니다. 시간으로 환산하면 500~700시간 정도 되겠네요. 그래서 이 부분에 대해 그간 생각했던 것과 제 느

낌을 오늘 이 자리에서 여러분과 함께 나누고자 합니다. 앞 선 세 분의 교수님께서 이미 이론적인 부분을 매우 명확하게 짚어주셨습니다. 저는 실천적 부분을 중심으로 이야기 하겠습니다. 제가 교사로 재직하며 오직 저 스스로와 비교하고, 현재의 제 모습과 과거의 제 모습을 비교해 왔더니 시야나 생각이 좁아지는 것을 피할 수 없었습니다. 경험이란 것은 사실 굉장히 강한 주관성을 가지고 있습니다. 제가 교사연수를 한 이후에 스스로 느끼기에 시야가 좀 넓어진 것 같습니다. 외국인 대상 중국어 교육 방면의 일을 30년 동안 했지만 늘 새로운 지식은 출현하고 새로운 사고방식과 새로운 방법들이 끊임없이 나왔습니다. 아주 짧은 시간에 저의 시야가 매우 넓어지는 것을 경험할 수 있었습니다. 저는 현존하는 문제만을 보지 않습니다. 저에게 있는 문제는 저 스스로도 볼 수 있지만 더 많은 새로운 방법들이 나오기 때문에 저의 생각은 매우 관념적인 것이 되고 교육이념, 규범 등의 방면에서는 저만의 새로운 생각들을 가지고 있습니다. 오늘 이 자리에서 이러한 저의 생각을 여러분과 나누고자 합니다.

　많은 사람들은 외국인 대상 중국어 교육에 대한 인식이 충분하지 않습니다. 그래서 많은 내용들을 홀시하기도 합니다. 이렇게 홀시하는 내용들의 그 특징적 부분부터 이야기를 시작하고자 합니다. 이 주제를 정하고 나서, 저 스스로 "외국인 대상 중국어 교육의 특징"에 대해 생각해 봤을 때 굉장히 상투적인 주제라는 느낌이 강했습니다. 그럼에도 불구하고 이 부분에 대해 이야기 해보고자 합니다. 비록 여러분들이 외국인 대상 중국어 교육이란 것이 어떠한 특징을 가지고 있다는 사실을 알고는 계시지만 정확이 무엇이 특징인지요? 한 마디로 명쾌하게 정의하기 힘들 것입니다. 우리는 모두 그것만이 가지고 있는 특징이 있다는 것을 알지만 무엇이 특징인지 명확히 설명해 내기 힘든 것이죠. 이는 우리가 교재편찬에서부터 교실교육, 평가 이 모든 과정이 이 특징 안에 녹아 있기 때문입니다. 여러분이 어느 하나라도 소홀히 해서는 안되며, 어느 부분도 소홀히 할 수 없는 것입니다. 그러나 꼭 몇몇의 물론 저를 포함해서 정도와 부분이 다를 뿐이지 등한시하는 부분이 있습니다. 예를 들어 제가 지난 화요일 대전대학교에서, 제가 마카오과기대에서 가르친 적 있는 학생들을 만났는데, 그 학생들은 지금 대전에서 공부하고 있습니다. 제가 가자 많은 학생들이 제게 와서 물었습니다. 그 중 한 학생이 제가 가르침을 구하며 "请你帮忙我"이 문장을 어떻게 학생들에게 가르쳐야 할지 물었습니다. 그의 생각으로는 학생들에게 "请你帮忙我"이 문장이 틀린 것을 먼저 가르치고, "帮忙"의 뒤에는 어떠한 것도 올 수 없다는 것을 설명해주려는 계획이었으나 지도교수님께서 "어떤 한 것"이란 개념이 너무나 포괄적이어서 학생들이 이해하기 쉽지 않을 것이라는 조언에 따라 "帮忙"의 뒤에는 '어떠한 성분도 올 수 없다'로 설명 계획을 바꾸려 했는데, 지도교수님께서 "성분"이란 개념을 학생이 배운 적이 없기 때문에 학생들은 무엇이"성분"인지 모른다고 지적해 주셨는데 도대체 어떻게 가르쳐야 하냐고 저에게 물어왔습니다. 저는 그 때 바로 이 학생이 '외국인 대상 중국어 교육'의 특징에 대한 정확한 이해가 부족하다는 생각이 들었습니다. 외국인 대상 중국어 교육의 특징이 무엇입니까? 우리는 설명할 필요가 없습니다. 우리가 직접 시범을 보여주는 것입니다. 우리는 예문으로 보여줄 수 있습니다. 어떠한 예문으로 하는가, 칠판에 "请你帮忙我"를 쓰고 학생에게 맞는지 틀린 지 물어봅니다. 학생은 맞다 할 수도 있고, 틀리다 할 수도 있습니다. 만약 학생들이 모두 모른다면, 칠판에 쓰인 문장의 "我" 위에 엑스표를 하는 거기까지만 하면 됩니다. 이렇게 세 개 정도의 비슷한 예문을 보여주면 학생들은 이 세 예문을 통해 뒷부분에 어떠한 것도 필요 없다는 것을 알게 될 것입니다. 만일 "我"가 반드시 필요하다면 어떻게 합니까? 그럼 글자 "我"에 동그라미를 하고 화살표로 이어 "帮"과 "忙"사이로 옮겨 "请你帮我的忙"으로 수정하면 됩니다. 이런 교사의 시범은 설명하는 것보다 더 좋은 효과를 가져올 수 있다고 생각합니다. 여러분은 어떻게 생각하시는지 모르겠습니다. 이처럼 교학 특징에 대한 이해가 부족하면서 방법론적인 면을 소홀히 하게 되는 결과를 초래하게 됩니다. 이 외국인 대상 중국어 교육은 결코 교사는 설명하고 학생은 듣는 간단한 수업모형이 아닙니다. 학생에게 생각하는 여건을 만들어주어 학생 스스로 그 일이 어떻게 그렇게 되는가에 대해 스스로 깨닫게 하고, 언어규칙에 대해 스스로 결론지을 수 있도록 한다면 자연스럽게 이러한 교육이념을 실현시킬 수 있게 되는 것이지요.

또 다른 학생이 이런 물음을 던졌습니다. "人们对幸福的理解都有自己的标准(사람은 행복에 대한 각자의 기준이 있습니다.)", 여기에서 "标准"에 대해 설명하라면 저는 먼저 현대중국어사전을 찾아보고, 사전에서 설명하는 대로 설명합니다. 그러나 저는 현대중국어사전과 같이 전형적인 서면어의 해설을 들어 학생들에게 설명하지 말라고 조언했습니다. 요즘의 남학생, 여학생들은 주로 남자친구, 여자친구 하는 이런 이성친구의 주제를 가지고 이야기하는 것을 좋아합니다. 그렇다면 교사가 이러한 흥미로운 주제를 가지고 학생들에게 네가 찾는 남자친구의 조건은 뭐니? 와 같은 질문을 던지라고 조언하고 싶습니다. 학생들은 중·고급 정도의 수준임을 알기에 이러한 질문을 던지는 것이 좋습니다. 그리고 학생들의 대답을 받아 적어 둡니다. 뭐 예를 들어 "키가 큰", "잘생긴" 등과 같은 것들을 말이죠. 서너 명의 학생의 대답을 듣고 나서 이렇게 말합니다. "你们的标准都不一样(여러분의 기준은 모두 다르군요)". 이렇게 하면 학생들이 이해하기 쉽습니다. 그리고 다시 행복이란 주제로 넘어와서 학생들에게 "你觉得你对幸福的理解是什么? (네가 느끼는 행복이란 무엇이니?)"라고 묻고 학생들이 대답한 후에 다시 "我们对幸福的理解标准也是不一样的(우리는 행복의 기준이 모두 다르다.)"라고 말합니다. 이 과정은 학생이 자연스럽게 습득할 수 있습니다. 제가 생각했을 때 이러한 습득이 가장 좋은 방법입니다. 따라서 저는 외국인 대상 중국어 교육에 대한 부족한 인식이 홀시하는 결과를 초래하고, 이는 현재 교실교육의 가장 큰 문제라고 생각합니다. 그럼 다시 이 가장 기본적인 문제로 돌아와서 "무엇이 외국인 대상 중국어 교육인가?"란 물음에 저는 다음 두 가지를 여러분과 이야기하고 싶습니다. 첫째는 많은 교사들이 외국인 대상 중국어 교육과 중국어교육의 차이를 확실히 구분하지 못하고 있는 것 같습니다. 일부 교사들은 분명히 구분할 수 있다손 치더라고 늘 중국어교육상 잘 구분하지 못하는 모습을 보게 됩니다. 두 가지의 차이는 무엇일까요? 먼저 초등학교 교육과는 다릅니다. 제가 1986년에 외국인 대상 중국어 교육의 영역에 들어왔을 때 마치 초등교육과 비슷하다고 느꼈습니다. 그때 당시 저에게도 막연한 인식과 현실 사이에 편차가 존재했지요. 두 번째는 현대중국어교육과 비슷하다는 것입니다. 모두 음성, 어휘교육이긴 했지만 사실을 완전히 다릅니다. 저는 청강을 통해 중국인 교사들이 현재 가지고 있는 가장 큰 문제가 바로 본인의 모국어에 대한 이해가 불충분하며 민감하지 않다는 것입니다. 이 문제는 몇 가지 예문을 들어 살펴볼 수 있습니다. 예를 들어 "这个字怎么写？ (이 글자 어떻게 쓰죠?)" 이는 교재에 나온 예문인데요, 교사가 수업할 때 "这个字儿怎么写?('儿 화된 발음으로 읽음')" 라고 읽습니다. 그럼 학생들은 알아들을 수 없게 됩니다. 儿化가 들어가면 학생들이 못 알아듣게 되는 것이죠. 이 문장은 보시다시피 초급반의 수업 내용입니다. 여기에서의 "字"를 "字儿"로 儿化시켜 발음하는 이러한 과정은 역시 하나의 듣기 과정으로 볼 수 있습니다. 어떤 교사는 이러한 과정 조차 올바로 파악하지 못합니다. 또 어떤 교재의 본문에 "李老太太七十多岁了。(李아주머니는 70여세 입니다.)"라는 문장이 실렸습니다. 학생이 묻길 "이 아주머니는 그럼 몇 살인가요?"학생들은 이해하지 못합니다. 이는 학생이 나이가 있는 아주머니나 어르신들과 이야기를 나눠볼 수 없었기 때문에 배운 적이 없는 것입니다. 세 번째 경우로 어떤 학생이 물었습니다. "潮湿跟湿润一样吗?(축축하다와 촉촉하다는 같습니까?)"이는 좀 더 높은 수준의 질문입니다. 아마 중급 정도의 수준일 겁니다. 모두 젖은 것은 같지만 하나는 "축축"이고 하나는 "촉촉"입니다. 이 경우 저의 수업 방식을 여러분께 알려드리겠습니다. 학생에게 "축축"은 불편한 느낌이고, "촉촉"은 편안한 느낌이다. 이렇게 설명하면 학생은 이해합니다. 학생이 작문을 할 때 불편하게 젖은 것을 표현하고 싶다면 "축축"을 쓸 것이고 편안하게 젖은 상태를 표현하고 싶다면 "촉촉"을 사용할 것입니다. 이것이 외국인 대상 중국어 교육입니다. 네 번째 예시는, 한 학생이 "선생님, 不客气, 不用谢 중 뭘 쓰는 것이 좋을까요?" 라고 물었습니다. 이런 성가신 문제에 있어서는 "고마워요"와 "감사합니다" 중 내가 어느 걸 쓰는 것이 좋을까요? 라고 묻는다면 교사는 모두 가능하다고 이야기 할 것입니다. 그러나 학생은 다시 "어떤 표현이 더 예의 바른가요?"라고 묻습니다. 이 문제는 한국학생과 미국학생들이 했던 질문입니다. 제가 생각했을 때 한국학생들이 이런 질문을 하는 것은 한국에는 경어표현이 따로 있기 때문인데 사실 중국어에는 존댓말이 따로 없습니다. 그래서 학생들은 가장 예의 있는 표현으로 말하고 하고 싶은 것 입니다. 그런데 교사가 모두 가능하다고 한다? 결코 그래서는 안됩니다. 사실 그 두 가지 표현에는 차이가 존재합니다. 또 한 학생은 "挺好的, 比较好가 같나요?"라고 물었고 교사는 "差不多 (비슷해/차이가 많지 않다)"라고 답합니다. 도대체 그 차이(差)는 얼마나 되는 것이죠? "差得多"는 또 그 차이(差)가 얼마나 되는 것이죠? 이렇게 대답하면 안됩니다. 제가 생각했을 때"挺好的(매우 좋다)"는 구어적 표현에 가깝고, "比较好(비교적 좋다)"는 어떤 사물에 빗대어 표현할 때 사용합니다. 예를 들어 어제 춥지 않았다, 오늘은 "비교적 춥다"처럼 말이죠. 이는 비교의 전제하에 사용된 것입니다. 이러한 규칙적인 부분들을 학생에게 설명해주어야 합니다. 그럼 한국인 중국어 교사는 제가 실제로 중국어 수업을 들어본 적이 없기 때문에 감히 평가할 순 없지만 아주 조금 생각을 가지고 있는데 만일 제가 잘못 말하는 것이 있다면 즉각 수정해주시면 감사하겠습니다. 한국인 중국어 교사의 경우 제가 느끼는 문제는 첫째, 한국어, 둘째, 어법상 얽혀진 부분이 많다는 것입니다. 왜냐하면 한국인 교사의 경우 더욱 편리하게 모국어로써 학생들에게 설명할 수 있습니다. 이건 저의 의견입니다만 한국인 교사의 주된 문제가 무엇일까요? 예를 들어 설명해 보겠습니다. 만일 "他们两个的钱存在一个存折上"你们把"一个(그들 둘의 돈은 하나의 예금통장 안에 들어있다.)"라는 문장이 있다면 이 문장의 "一个(하나)"를 가볍게 읽는가, 강하게 읽는가에 따라 이 문장이 나타내는 바는 달라집니다. 이것이 바로 어감입니다. 제가 느끼기에 한국인 교사들은 중국인 교사들보다 이 부분에서 덜 민감합니다. "一个"를 강하게 읽는다면 같다는 것을 나타내고, 수량에 대해서는 나타내지 않습니다. 다시 예를 들어 "你的鼻子真好(너 코 되게 좋다)" 이 문장에서 나타내고자 하는 것은 후각입니다. 결코 코가 잘생긴 것을 표현하는 것이 아닙니다. 또 한 가지 한국인교사든 중국인교사든 모두가 직면하고 있는 문제가 바로 사전입니다. 특별히 두 언어가 함께 있는 사전입니다. 제가 한국에서 전자사전을 구매했는데 제가 그냥 "好看"을 쳐 보았습니다. 첫 번째 의미항목으로 "好看"의 반댓말이 "难看"이 검색 되었습니다. 두 번째 예문은 "你带的那顶帽子很好看(네가 쓰고 온 모자가 예쁘구나)", 세 번째는 "儿子立了功, 做娘的脸上也好看"이었습니다. 중국인 교사가 이 예문을 보면 아마 웃을 것입니다. 이 문장은 물론 현재도 사용하는 사람이 있기는 하겠으나 50년 이전에 하던 말이기 때문입니다. 현재 대부분의 사람들은 이러한 말을 하지 않고 이런 예문을 사용한지도 너무 오래되었습니다. 이러한 문장은 세대의 흐름을 따라가지 못하고 있습니다. 또 다른 예로 "轻快" 인데, 저도 이 단어는 사전에서 찾아 보았습니다. 첫 번째로 검색되는 예문이 "他迈着轻快的脚步走上山来"였고, 두 번째로 검색되는 예문이 "轻快地歌声从远处传来。"였습니다. 두 번째 예문은 명확하게 오문입니다. 그럼 이러한 문제를 어떻게 학생들이 분별하도록 하시겠습니까? 예문이 예문의 역할을 수행하지 못하고 있습니다. 그럼 도대체 무엇이 외국인 대상 중국어 교육인가요? 저는 "大"자부터 이야기해보고자 합니다. 현대중국어사전에는 이 글자에 대해 11가지 항목이 나옵니다. 첫째는 부피, 면적, 小의 반의어. 둘째는 (나이가)많고 적음의 정도, "孩子多大了？" 셋째는 정도가 깊다. 大红大紫, 넷째는 정도(횟수)가 얕음 "不大出门, 不大说话", 다섯째는 순서의 첫 번째 "老大是男孩", 여섯째는 나이가 많은 사람, 일곱 번째는 경어, 존함을 높임. 여덟째는 강조 "大清早的", 그리고 성씨와 나머지 두 개는 방언에서의 사용이었는데 아버지에 대한 호칭이었습니다. 제 생각으로는 외국인 대상 중국어 교육의 각도에서 보자면 8개의 어법의미 항목 중 4가지(세 번째, 네 번째, 일곱 번째, 여덟 번째)는 부합하지 않는 내용입니다. 세 번째 "大红大紫"의 쓰임이 단지 정도가 깊은 것만을 이야기 하나요? 중국인 교사라면 보면 바로 알 수 있습니다. 사실 이는 완전한 긍정어가 아닙니다. 정도가 약한 것, 不大出门, 不大说话 이것이 정말 정도가 약한 것입니까? 쉽게 이해가 가지 않습니다. 不大像话의 경우는 그럼 어떻게 이해해야 할까요? 그리고 존칭어에서 존함을 높인다고 했는데 풍자의 의미는 없는 것일까요? 저의 생각으로는 있는 경우도 있습니다. 마지막으로 강조의 표현, 大清早的의 경우 학생들은 더욱 이해하기 힘들 것입니다. 교사의 경우라 하더라도 가장 설명하기 힘든 부분입니다. 예를 들어 이 "大"자가 사람의 앞에 오게 되면 "大胖小子", "大老爷们"이 됩니다. 여기서 "大"는 모두 나타내는 바가 다릅니다. 둘째로 "大清早的", 여기에 우리는 왜 "大"를 사용할까요? 당연히 강조를 하는 것입니다. 그러나 그것이 강조하는 것이 무엇입니까? 제가 처음 수업을 할 때는 어떻게 설명해야 할지 몰랐습니다. 그럼 어떻게 해야 할까요? 그럼 비법을 사용해야 합니다. 대외중국어의 최적의 비법은 예문을 드는 것 입니다. "大礼拜天的加什么班啊？", "大清早的你怎么不做饭？"우리가 일반적으로 "大"를 사용 할 때 뒤에 오는 어떤 동작을 반드시 해야 하는 동작입니다. 이른 아침(大清早)이면 아침식사를 준비해야 하는데 왜 준비하지 않으시죠? 주말이면(大礼拜天) 쉬어야 하는데 무슨 추가 근무를 하신다는 거죠? 이때 우리는 "大"를 사용합니다. 우리는 뒤에 나오게 되는 어떤 일을 하지 않아도 되는 것이거나, 하기 싫어하는 일, 하고 싶지 않은 일인 경우에 "大"로써 강조 합니다. 만약 그냥 강조하는 것이라고만 설명하신다면 학생들은 이해하기 어려울 것입니다. 이것이 외국인 대상 중국어 교육의 특징입니다. 이와 같이 사전은 이러한 큰 문제를 가지고 있습니다. 중국인이 사용하는 사전은 외국인 대상 중국어 교육에는 그다지 어울리지 않습니다. 그러나 현재 외국인 대상 중국어 교육에 전문적으로 사용할 수 있는 사전은 없습니다. 이러한 현상에 꼭 적합한, 그러니까 제 생각으로는 표현사전(语典) 같은 것이요, 예를 들어 "挺好的"와 같은 이런 표현은 단어가 아닙니다. 이런 것은 그냥 말입니다. 이런 표현사전(语典)은 단계별로 그 수준을 나눌 수 있습니다. 예를 들어 HSK1급용으로 150개의 단어와 그에 맞는 의미항목을 정리하여 그것은 하나의 표현사전으로 만들어 소책자처럼 발간하면 1급수준의 학생들에게는 유용할 것입니다. 모든 단어는 5-10개정도의 예문이 존재하는 이 표현사전(语典)을 통해 정확한 학습 방법을 강구할 수 있게 됩니다. 그럼 다시 특징이 무엇이냐는 주제로 돌아와서, 우리는 지금 방법과 내용 이 두 가지 방면에서 대외중국어의 특징을 이야기하고 있습니다. 중국어의 발음, 단어, 어법 부분에서 어떤 내용을 강의해야 하는지 어떤 방법으로 가르쳐야 하는지에 대해 나와있나요? 내용은 많다는 이유를 선택하여 가르치고, 가르칠 내용을 선택할 때 반드시 그 특징적 부분을 이해해야 합니다. 둘째는 학생 수준을 이해해야 합니다. 교사가 내용에 대한 이해를 잘 하면 그것은 곧장 학생에게 영향을 미치게 됩니다. 예를 들어, 교사의 이해 정도는 편차가 존재하기도 하고 실 수가 있을 수 있기 때문입니다. 예로, 예문 "明天又是星期天了，我们又可以吃喝玩乐了"에서 "吃喝玩乐(먹고 마시며 즐기고 놀다. 주로 무절제하게 노는 것을 형용)"는 부정적 의미가 있다는 것을 알고 있습니다. 만일 교사가 이해가 부족하다면 그것이 곧장 학생들에게 영향을 미치게 됩니다. 교사가 이런 단어나 표현에 대한 이해가 수준에 미치지 못하면 그것이 학생에게 영향을 준다는 것이죠. 예를 들어 "奉陪"에 대해 교사가 "항상 함께 하다"로 이해할 수 있지만 이는 정확한 이해를 못하고 상하관계에 대한 내용 이해가 부족한 것입니다. 또 다른 예를 들어 "捡"자에 대해 수업하는 것을 들은 적이 있는데, 아시다시피 이는 중급 이상이 되어야 배울 수 있는 글자입니다. 교사가 설명하길 땅에 떨어진 물건 혹은 다른 사람이 떨어뜨린 물건이라는 것을 강조하며 끊임없이 시범을 보여 교재를 떨어뜨리기도 하면서 해당 단어의 뜻을 설명하고 있었습니다. 그러나 그 교사는 한 가지 의미를 놓치고 있었습니다. 돌아와서 저는 사전을 찾아보았더니 정말 한 가지 의미 박에 명시되어있지 않았습니다. 저는 그 교사에게 전화하여 이 글자에는 두 가지 의미가 있다고 말하며 하나는 내가 떨어뜨리거나 남이 떨어뜨린 물건을 줍는 것을 말하기도 하지만 다른 하나는 다른 사람이 잃어버린 물건을 줍는 것을 말하기도 한다고 알려주었습니다. 수업시간에 했던 설명과 예시로는 학생들이 의미를 제대로 알 수 없을 것이라고 덧붙였습니다. 그리고는 제가 다시 예문을 들어 주었습니다. 다른 사람이 떨어뜨린 물건은 화자가 알고 있는 물건입니다. 그러나 다른 사람이 잃어버린 물건은 그에 대해서 화자가 알 수 업습니다. 학생에게 이 차이를 알려주어야 합니다. 그리고는 한국인 학생에게 한국에서 "掉(떨어뜨리다)"와 "丢(잃어버리다)"가 다른 뜻의 두 단어인지를 물었습니다. 학생은 두 가지 단어라고 말해주었습니다. 그렇다면 우리는 이 문제에 대해 생각해야 합니다. 우리의 언어 중에 이런 동사가 하나이지만 다른 언어로 보았을 때는 두 개의 동사일 수 있습니다. 때문에 우리는 이러한 특징을 파악할 수 있어야 하고 이런 특징적 부분을 생각 할 수 있어야 합니다.

   그리고 방법 면에서 100명의 교사가 있다면 100가지 방법이 있을 것입니다. 그럼 어떻게 해야 학생들에게 정확히 이해시키고 적절히 사용 할 수 있게 할까요? 제가 생각했을 때 이는 결코 교사가 열심히 하고 하지 않고 에 달린 것이 아닙니다. 왜냐하면 열심히 하더라도 어떤 때는 효과가 없을 수도 있기 때문입니다. 그래서 저는 이 자리에서 교사가 지녀야 할 기본 소양에 대해 얘기 하고자 합니다. 우리 외국인 대상 중국어 교육 하는 사람들은 매우 민감하고 예리해야 합니다. 단어 하나하나, 어법 핵심 하나하나가 지니고 있는 정보들을 파악할 수 있어야 합니다. 예를 들어 부가적 정보, 혹은 숨은 정보, 제한적 조건정보 등 인지이론적 부분들에 대해 파악해야 합니다. 이런 말들은 제가 저의 임의대로 사용하는 것이라서 언어학의 대가이신 여러분 앞에서 이야기 하는 것이 마땅하지는 않은 것 같지만 제가 더 적합한 말들을 찾지 못해서요, 이곳에서 여러분과 나누고 이야기하면서 여러분의 의견을 듣고 싶습니다. 예를 들어, '부가정보'는 "爱情不是生命的全部(사랑은 생명의 전부가 아니다.)"라는 문장에서 만일 "并"을 추가해 보면 "爱情并不是生命的全部(사랑은 결코 생명의 전부가 아니다.)"라는 뜻이 되어 더욱 강조하여 문장의 의미를 나타낼 수 있습니다. 그럼 "并"자가 가지고 있는 부가정보는 무엇인가요? "并"자가 강조로 사용될 때 부정문에 사용될 수 있나요? 없습니다. 그렇죠? 이것이 부가정보입니다. 여러분이 학생들에게 이런 것을 알려줄 수 있다면 그 수업은 매우 수준 있는 수업이 될 것입니다. 그렇다면 무엇이 숨은 정보는 무엇인가요? 제가 방금 예로 들었던 "축축(潮湿)"과 "촉촉(湿润)"에서 '편안하게' 혹은 '불편하게'라는 의미가 있었습니다. 이 점을 학생들에게 알려줄 수 있어야 합니다. 간혹 어떤 교사는 '젖다'가 가진 연관정보에 대해 분명하게 설명해내지 못하는 경우도 있습니다. 예를 들어 "海洋馆(해양관)"을 가르치면서 "장소 혹은 참관하는 장소"라고 설명하는데 이 역시 연관 정보에 대해 설명해내지 못하는 것입니다. 다음으로, 무엇이 제한조건일까요? "奉陪"의 경우 상하관계가 있습니다. "语重心长"의 경우는 화자의 신분을 말하는 것입니다. 이러한 숨은 의미에 주의를 기울여야 합니다. 그럼 단어, 양사를 보면 "一双(한 쌍)"과 "一套(한 세트)", 하나는 두 개 이고, 하나는 여러 개 입니다. 이 단어들의 제한 조건은 바로 수량입니다. "双"은 같은 것이 두 개 있는 것이고, "套"는 다른 것이 함께 있는 것 입니다. 이러한 차이를 학생들에게 설명해야 합니다. 특칭과 범칭에 대한 내용도 설명해야 합니다. 문장의 빈어는 반드시 특지인 것이라는 내용을 설명 하면 학생은 즉각 특지가 무엇인지 반문할 것입니다. 마지막으로 제가 여러분께 보여드릴 것은 다음 세 문장 입니다. "我是一个看大门的, 说起来不算", "我就是一个售货员, 我管不了那么多", "你不就是一个科长吗？". 이 세 문장에는 모두 인칭대사가 포함되어 있습니다. 이 인칭대사는 범지 입니까? 특지 입니까? 다음 문장을 보면, "一个女孩子别到处乱跑", "一个大老爷们别计较这点事", 이 두 문장에는 인칭대사가 포함되어있지 않습니다. 이는 범지 입니까, 특지 입니까? 먼저 앞의 세 예문을 보면, 문장 안에 인칭대사가 명확히 있긴 하지만 이 문장은 범지 입니다. 뒤에 두 예문은 인칭대사가 없지만 특지 입니다. 따라서 이러한 개념을 학생들에게 분명하게 설명할 수 있어야 학생들의 혼란을 줄일 수 있습니다.

네, 시간관계상 저의 발표는 여기까지 하겠습니다. 감사합니다.

제 2 부

질의응답

사 회 **김현철**_연세대학교

패 널 **金立鑫**_상해외국어대학

周荐_마카오이공대학

盛玉麒_산동대학

高新_산동대학

• **김현철 교수**

네, 네 분 선생님의 발표를 들었습니다. 네 분 선생님들 간에 건의사항이 있으신가요? 있으시면 먼저 말씀하셔도 좋습니다. (네 분 선생님 대답 없으심) 선생님도 사실 이렇죠?(질문에 대답을 잘 안 합니다.) (웃음) 그럼, 혹 보충하실 부분이 있으십니까? 없으시면 말씀 안 하셔도 됩니다. (웃음)

• **金立鑫 교수**

선생님들께 질문 하실 수 있도록 하죠.

• **김현철 교수**

네네 좋습니다. 그럼 이렇게 하도록 하겠습니다. 예정보다 시간이 많이 지났기 때문에, 사실 한 시간 밖에 남지 않아서 네 분의 토론을 진행하려고 했으나 네 분 선생님께서 안 하신다기 보다 여기 오신 여러분들과 더 많은 교류를 하고자 하여 질문이 있으신 분은 시간관계상 간략한 자기소개 하시고, 이제 한국말 다 알아들으시죠? (네) 이건 우리끼리 비밀입니다. (웃음) 자기소개를 하시고 질의는 2-3분 정도로 너무 길게 하지 마시고, 질문이 중복될 수 있으니까 한 사람당 하나의 질문만 받고 시간이 남으면 다시 기회를 드리도록 하겠습니다. 네. 질문 있으신가요? 마지막 순서는 추첨 입니다. 만약 질문 안 하시면 기회 없습니다. (웃음)

提問一	高新

• **질문**

방금 선생님께서 수많은 사례를 들어 설명해주셨습니다. 실제 선생님께서 언급하신 사례는 외국인 대상 중국어 교육 관점에서 입각하여 보면 미시적 시각입니다. 제가 궁금한 것은, 국내의 외국인 대상 중국어 교육강사들이 현재 가장 필요한 것이 이론적 부분도 있겠지만, 교육현장에서 실천할 때 가장 필요한 것은 하나하나의 구체적인 실례라고 생각합니다. 구체적인 실례는 우리에게 여러 번 사고할 수 있는 기회를 가져다 줍니다. 이와 같은 실례, 그 중에서도 선생님께서 말씀하셨던 "기준"이라는 실례가 개인적으로 인상이 깊었습니다. 저는 이와 같은 실례들을 수집하고 취합하여 저서를 편찬할 생각이 없으신지 궁금합니다. 혹은 선생님과 같은 일을 종사하는 분들이 이와 같은 실례를 내용으로 한 성공적인 저서를 출시하였는지 궁금합니다. 감사합니다.

• **답변**

감사합니다. 저도 개인적으로 이와 같은 저서를 찾아봤는데 한 권은 북경언어대학 苏映雪 선생님의 저서이고, 다른 한 권은 고등교육출판사에서 출판한 朱勇선생님의 저서입니다. 저는 개인적으로 청강한 수업 양이 많아 수집한 자료가 비교적 많습니다. 다만 지금은 시간상 여유가 없어서 아직 정리하지 못했습니다. 하지만 북경언어대학출판과의 상의를 거쳐 실례방면의 저서를 출판할 생각입니다. 저는 우선 자료들을 정리하고, 각 유형이 어떤 사례를 포함하는지 등 방식으로 정리할 생각입니다. 독자 분들이 이와 같은 저서를 통해 생각의 폭을 넓힐 수 있다고 생각합니다. 그리고 전통적인 교실수업뿐만 아니라, 온라인 오프라인 교육에도 큰 도움을 줄 것이라 생각됩니다.

· 질문

안녕하세요, 저는 베이징대학에 재직중인 彭静이라고 합니다. 저는 산동대학 盛선생님께 질문 드리고 싶습니다. 선생님께서 말씀하신 한중중국어교집어 (中韩汉语交集词) 이라는 개념이 매우 새롭게 느껴지는데요. 저는 특별히 선생님께서 말씀하신 여집합한자단어에서, 한중중국어교집어와 여집합한자단어를 구분하는 기준이 무엇인지 궁금합니다. 선생님께서 정리하신 단어를 보면, 중한한자여집합 단어의 수량이 중한중국어교집합 단어양보다 훨씬 많다고 들었습니다. 그렇다면 선생님께서 중국어교육스마트플랫폼(汉语教学智能平台)을 연구하실 때, 한중한자여집합(汉字朴集词) 단어에 근거하지 않고 한중한자교집합를 근거로 하시는지 궁금합니다. 선생님께서 연구하는 과정에서 교집합과 여집합 외에 다른 집합은 없으셨는지 궁금합니다. 감사합니다.

· 답변

제가 말하는 여집합과 교집합은 한국어에서 이러한 한자어단어가 있고, 중국어에서 사용하는 한자어를 대비하여 선정한 것입니다. 중국어는 중국어 사전 제6판을 근거로 하고 ,한국어는 한국어 단어, 한국일보, 중앙일보, 고려일보 등 신문에서 실린 단어를 근거로 하여 통계를 하였습니다. 또한 한국어 문장에는 단어와 단어를 분별하는 표기가 띄워 쓰기 이고, 문장부호는 이차적인 것이기 때문에, 분리하여 처리 해야 합니다. 먼저 통계를 거친 후 인위적인 간섭을 통해, 한자어를 골라냅니다. 이러한 과정을 거친 후에 현대중국어사전과 한국어 한자단어와의 비교를 합니다. 이때 한국어 한자어는 열성에 해당되며 자모를 뒤따르게 되는데, 현대중국어한자서전에서 완전한 교집합부분, 즉 한자가 같은 단어를 교집합에 해당된다고 봅니다. 하지만 여기서 더 세분화할 필요가 있습니다. 형태가 같고 뜻이 다른 부분에 대해서는 아직 고려하지 않았습니다. 여집합은 현대중국어사전에서 교집합 부분을 제외한 부분을 말합니다. 한국어에서 통계한 한자단어에서 교집합부분을 제외한 부분도 한국어입니다. 이번에는 텍스트 언어사용부분에서의 여집합을 많이 발견했습니다. 예를 들어 '주차장'과 같은 한자어는 현대중국어사전에 없어서 교집합에 포함되지 않습니다. 한국어에서 여집합에 속하게 됩니다. 또한 여집합을 분류기초로 선정한 이유는 플랫폼을 구축할 때, 여전히 HSK 요강을 기초로 하고, 공통으로 나타난 부분이 3만개 정도가 있습니다. 하지만 지식 베이스를 구축할 때 어휘량이 너무 많으면 작업량도 따라서 많아지기에, 이점을 감안하여, 교학에 입각한 HSK 요강을 기초로 한 것 입니다. 감사합니다.

提问三 周荐

- **질문**

안녕하세요, 저는 성균관대학 박사 재학생입니다. 저는 周荐 선생님께 질문을 드리고 싶습니다. 대륙과 대만에서 사용하는 중국어 어휘가 의미자질 면에서 차이점이 존재한다고 하셨는데, 단어구조법에서 어떠한 차이를 가지는지 구체적으로 설명해주시면 감사하겠습니다. 예를 들어. 대만에서는 "道地"、"道地的汉语", 대륙에서는 "地道的汉语" 라 사용하는데요, 이와 같이 단어 어순이나 단어 구조법에서의 구체적인 차이를 알고 싶습니다.

- 답변

  감사합니다. 저는 마카오를 떠난 지 20년이 되었습니다. 그간 몇 번이나 올 기회가 있었지만 모두 놓쳤습니다. 이번에 세 개 대학에서 저를 초청하여 특강을 부탁하셔서 이에 저는 세 편의 논문을 준비하였습니다. 이 세편의 논문은 모두《现汉》와《新编国语日报词典》에 근거하였습니다. 그 중 한편은 사자(四字)구 형태를 토론하였는데 사자(四字)구 형태는 비교적 전형적이며 고아하였고, 다른 한편으로 삼자(三字)구 형태에 대해 토론하였는데 삼자(三字)구 형태는 비교적 통속적이고, 다른 한편으로는 전면적인 토론을 했었습니다. 전면적인 토론은 우송대학에서 하였고, 두 번째는 호남대학, 사자(四字)구 형태는 한국외대에서 토론하였습니다. 이 세편의 논문은 모두 상술한 두 사전에 나타나는 어휘단어의 의미자질에 대해 비교적 심도 있게 토론하였습니다. 괜찮으시다면 특강이 끝난 후에 논문을 보내주겠습니다. 그리고 학생이 말한 "道地"和"地道"은 대륙과 대만의 단어구조법 차이라고 말할 수 없습니다. 왜냐하면 대륙에서도 "道地"라는 단어를 사용하기 때문입니다.

- 김현철 교수

  "熊猫"와 "猫熊"의 차이점도 알고 싶네요.

- 周荐

  이 두 개 단어도 대륙에도 사용하고 있습니다. 어떤 사람은 읽는 순서에 따라서 달라진다고 주장하는 사람도 있어요.

- 김현철 교수

  개인적으로 "猫熊"이 더 괜찮다고 봅니다. "熊猫"는 太熊이라는 의미도 될 수 있으니까요.

- 周荐

하하하

周荐

- 질문

저는 周荐 선생님께 질문하고 싶습니다. 선생님께서는 양안이 모두 사용하는 단어를 사전으로 편집하겠다고 하셨습니다. 그러나 그렇게 되면 사전에 수록되는 단어의 양이 너무 많아지게 되고, 양안에서 사용하는 단어에도 사실 차이가 많습니다. 만약 이러한 사전을 편찬한다면 상술한 두 개 단어를 모두 사전에 수용 할 예정이신지요? 예를 들어 대륙에서는 "地铁"라고 하지만 대만에서는 "捷运"라고 합니다. 그렇다면 학생들에게 "地铁"을 가르쳐야 하는지 아니면 捷运"을 가르쳐야 하는지 궁금합니다. 감사합니다.

- 답변

제가 이러한 사전을 편찬하겠다는 말은 아닙니다. 저는 양안학자들이 이러한 사전을 편찬하기를 희망한다는 뜻입니다. 그리고 질문자께서 양안에서 사용하는 단어를 모두 수용하는 여부는 제가 말했다시피 이미 일부분 학자들이 이러한 작업들을 하고 있습니다. 1-2년전 양안에서 이러한 사전들이 속속 출시되고 있습니다. 이러한 사전들은 질이 상당히 높습니다. 물론 단점도 존재하고 있지요. 요즘 저는 이러한 사전의 단점에 착안하여 논문을 쓰고 있습니다.

提问五 金立鑫

- **질문**

저는 金立鑫 선생님께 질문하고 싶습니다. 김선생님께서 어떤 교재는 기능주의 교수법에 중심을 두고 어떤 교재는 구조주의 교수법에 중심을 두었습니다. 하지만 김선생님은 한국국내 교재에 대해 알아보셨는지 궁금합니다. 어떤 교재는 주제가 있는데, 예를 들어 첫만남, 인사 등등 입니다. 하지만 그 뒤에 내용은 선생님께서 말씀하신 구조주의, 예를 들어 주어 술어 의문문 등이 있습니다. 그러니까 교재 내용에서 어법으로 상세하게 나타낸 내용의 비율이 제법 많습니다. 한국교재에서 기능과 구조를 결합시키는 현황에 대해 김선생님은 어떻게 보십니까? 김선생님은 한국어 교재가 기능 혹은 구조에 너무 치중해 있다는 느낌은 없으신지요?

- **답변**

감사합니다. 아주 좋은 질문입니다. 저는 한국 국내 중국어 교재에 대해 많이 알고 있지는 않습니다. 그러나 질문자님이 들어주신 예를 본다면, 저자가 이러한 방면에 교육이념을 가지고 있다고 봅니다. 비록 저자가 내용 배치방면에서 기능을 위주로 하였지만, 가급적이면 기능위주의 언어포인트를 구조주의 기능방법으로 해석하는 것을 볼 수 있는데, 이 저자는 기능주의 교학과 구조주의 교학을 융합시키려는 노력을 한 것으로 보입니다. 제 개인적인 생각으로는 이는 아주 괜찮은 것으로 봅니다. 저는 다른 문제를 생각해 봤는데요, 기능위주와 구조위주의 교재는 각기 다른 학생학생에 해당된다고 생각됩니다. 예를 들어 단기 학습생의 경우 기능위주의 교재가 적합하지만, 3개월 혹은 반년기준의 학생에게는 기능위주 교재는 아니라고 봅니다. 오히려 구조위주의 교재로 배워야 한다고 생각합니다. 그러므로 학생의 다양한 상황에 따라 다양한 교재를 선택하는 것이 비교적 좋다고 봅니다. 감사합니다.

提问六 金立鑫、高新

• **질문**

　안녕하세요, 저는 연세대학교 국어국문학을 전공하는 학생입니다. 금방 김선생님께서 재기하신 중국교재에 대해 질문하겠습니다. 우리가 한국어 배우는 과정에서는 한국어습득이라는 주제를 자주 토론하게 됩니다. 저희 연세대학교의 교재는 어법을 중심으로 하기에 어떤 사람들은 연세대학교에 입학함은 표준한 국어 학습을 위한 것이고, 서강대학교의 교재는 입말을 중심으로 하기에, 학생들이 유창한 한국어 입말을 배우기 위해서는 서강대로 입학하고, 이화여대의 교재는 언어환경에 중심을 둡니다. 혹시 외국인 대상 중국어 연구 교재에서도 이와 같은 분별기준이 있습니까? 이에 관해 소개해주셨으면 합니다.

• **답변(金)**

　이 문제에 대해 아마 제가 高新 선생님보다 발언권이 있다고 생각합니다. 저는 2008년 정도부터 외국인 대상 중국어 교육에 종사하지 않았습니다. 그전에 상해에 있는 대학들, 예를 들어 화동사대, 복단대학, 재경대학, 상해사범대학, 상해교통대학 등의 대학에서도 대부분 정기와 단기로 나누어졌습니다. 정기학생은 보통 시리즈로 된 교재가 있으며, 보통 4권 혹은 6권으로 되었고 단기 학생은 보통 기능위주의 교재입니다.

• **답변(高)**

제 생각에는 지금 이 자리에 계신 대부분 교수님은 교재편찬을 주요사업으로 하신 분이 별로 많지 않다고 봅니다. 대부분은 외국인 대상 중국어교육사업에 종사하고 있습니다. 수업의 관점에서 보면, 교재를 선택하는 권리는 강사에게 있는 것이 아니라 대부분 위에서 어떤 교재로 수업하라고 하면 그것을 사용합니다. 그러므로 외국인 대상 중국어 교육사업에 종사하면서, 어떤 이론이 교재를 지탱하였는지 생각 하지 않았습니다. 오직 수업 중 어떤 교재는 어법해석이 비교적 괜찮고 어떤 교재는 연습문제가 더 좋다는 것입니다. 저는 교재에 대해 이렇게 생각합니다. 교재는 지팡이와 같으며, 이것을 이용하는 것은 좋지만 이것에 의존하는 것은 아니라고 봅니다. 교사는 교재를 과감히 선택하여 사용하거나 버리는 능력을 갖추어야 한다고 생각합니다. 방금 얘기한 것에서 하나는 내용이고 하나는 능력입니다. 이것은 교사가 교재에 대해 가지고 있는 인식을 따르게 됩니다. 예를 들어, 저는 어려운 것이 반드시 중요한 것은 아니라고 봅니다. 예를 들어 "거지와 부자"에서 "乞丐"와 "富翁". 거지는 이 문장의 난점이지만 이것이 반드시 핵심은 아닙니다. 코퍼스의 각도에서 보면 이 두 단어의 사용빈도는 높지 않습니다. 하여, 저는 다른 선생님께 이 두 단어를 반드시 쓸 줄 알아야 한 것을 요구하지 않아도 된다는 것입니다. 그러나 문장에 다음과 같은 내용이 있기도 하는데 一个乞丐提着个狗, 看到富翁贴了一个告示, 悬赏多少钱, 他

想用这个狗来换钱, 등 입니다. 이들 예문 안에는 어법포인트가 여러 개있습니다. 예를 들어 "把狗栓了起来", "把狗抱了回去"가 있는데 저는 이것이 본 문장의 핵심이라고 생각합니다. 이것이 제가 가진 교재에 대한 생각입니다. 저는 수많은 교재에 대해 분석해보지 않았으며 저 또한 이 방면에서 노력이 부족하기에 양해부탁드립니다.

• **김현철 교수님**

제가 조금 보충하겠습니다. 저는 어학당에서 4년 근무한 경력이 있습니다. 한국어어학당의 교재에 대해서 제 개인적으로는 이상적이지 못하다고 생각합니다. 시대에 따라 변화하는 개념이 없습니다. 저도 서강대학 교재를 보았는데, 이를 보고 제가 160여명의 선생님께 보여드렸는데 대부분 찬성하지 않았습니다. 그 이유는 응용성이 비교적 강하기 때문입니다. 그러나 우리 학교에 에서 한국어를 배우는 학생들의 목표는 한국대학에 입학하는 것입니다. 그러므로 제 생각에는 연세대학교 어학당은 정기학생, 서강대는 단기 학생에 적용된다고 봅니다. 한국에서 출판되는 중국어 교재는 이렇습니다. 하지만 80년대를 생각해보면, 지금과 같은 수많은 교재도 없고 좋은 설비도 없습니다. 지금은 좋은 교재, 좋은 선생님이 있지만 좋은 교수방법이 없습니다. 그러므로 교사의 책임감이 아주 중요하다고 생각합니다.

• **답변**(金)

제가 보충하겠습니다. 저는 고 선생님의 의견에 찬성합니다. 어휘학교학에서, 어느 한 구체적인 단어를 배울 때, 선생님은 이 단어의 구체적인 의미보다는 이 단어가 출현 할 수 있는 상하 문맥을 중심으로 어떠한 상황에서 이런 단어가 출현 한다는 것에 중심을 두어야 한다고 생각합니다. 그리고 관건은, 이러한 단어들이 다른 단어와 더불어 구 혹은 문장으로 구성하였을 때, 이 구 안에서는 어떻게 출현하였는지에 중심을 두어야 합니다. 이러한 예를 세 개 또는 네 개를 들면, 다른 해석이 필요 없이 학생들은 이 단어의 뜻을 알게 됩니다. 하나의 간단한 예를 들면, 우리가 모국어를 어떻게 배웠는지에 대해 생각하는 것입니다. 우리는 사전을 통해 모국어를 배운 것이 아니라, 상하문맥, 예를 들어 어른들이 말씀하실 때 이 단어의 앞과 뒤에 나타나는 단어로 다른 단어의 뜻을 이해합니다. 방금 고선생님께서 아주 좋은 예를 들어주셨습니다. 즉, 어떤 단어의 출현은 이 단어를 이해하는데 아무런 도움이 없습니다. 이런 단어를 저는 "无效语料 라고 표현하는데요, 그렇다면 "有效语料 란 무엇이냐? 선생님이 하나의 단어를 구에 두고, 구조 안에 다른 단어가 이 단어와 결합하여 이 단어의 정확한 뜻을 나타날 수 있다면 이러한 코퍼스를 "有效语料 라고 합니다. 선생님들이 수업을 준비하면서 이러한 "有效语料"를 수집하는데 많은 시간을 투자하여 수업에서 이러한 "有效语料"를 사용해야 합니다. 학생들은 이러한 코퍼스를 통해 이 단어의 뜻을 알게 되며 심지어 이 단어의 용법과 규칙을 터득하게 됩니다. 선생님은 이 단어가 어떤 뜻인지 해석하지 않아도 되며, 오직 문장 앞에 별표로 표시만 해도 아주 이상적인 설명효과를 얻을 수 있습니다. 이는 제가 고 선생님의 관점에 찬성하는 부분입니다.

그리고 교재에 대해서는 저는 고 선생님과 다른 관점을 가지고 있습니다. 우수한 교재는 우수한 선생님이 가치 있는 경험을 바탕으로 편찬한 것입니다. 교재는 각본과 같고, 우리는 각본에 따라 연출하는데. 여기서 선생님은 연기자라 할 수 있습니다. 만약 어느 날 선생님이 갑자기 아프셨다면, 다른 사람이 이 교재로 수업을 하여도 여전이 좋은 수업을 할 수 있어야 합니다. 좋은 교재는 선생님이 교재를 사용하면서 수정해야 할 곳이 매우 적을 것입니다. 물론 선생님이 편찬하는 사람보다 능력이 높다면 이것은 예외겠지만요. 대륙에서 한동안 질이 아주 낮은 교과서가 많이 나왔고, 능력 있는 교사들은 이러한 교재를 사용하면서 많은 부분을 수정하였습니다. 한 권의 좋은 교재는 수정해야 할 곳이 많지 않습니다. 예를 들어 여숙상 선생님, 조원임 선생님이 편찬한 교재는 수정해야 할 곳이 매우 적습니다. 감사합니다.

提问七 | 高新

• **질문**

저는 고 선생님께 질문 드립니다. 선생님께서 구체적인 교수법을 많이 알려주셨는데요. 그러나 때론 강사들의 수업은 지도자가 정해준 것입니다. 예를 들어 듣기 수업, 말하기 수업, 쓰기 수업 등입니다. 선생님께서 이와 같은 다른 분야의 수업을 할 때 참고 할 수 있는 구체적인 테크닉을 알려주셨으면 합니다. 혹은 구체적인 지식포인트를 가르칠 때 있을 수 있는 테크닉을 알려주셨으면 합니다.

• **답변**

이 질문은 매우 큰 질문이라 짧은 시간에 정확히 말하기는 어려울 것 같습니다. 제가 마카오 대학에서 수업할 때 수업준비를 하면서 이와 같은 내용이 있었습니다. 他们家的生意越来越火了 이와 같은 문장을 배울 때. 정독 수업, 말하기 수업, 읽기 수업에서 각각 어떻게 수업했었는지를 말해보겠습니다. 저는 한국 공자학원에서도 수업해보았는데. 한국에서는 외국인 대상 중국어 수업을 아주 세분화하지 않았습니다. 하지만 중국에서는, 특별히 산동대학에서는 매우 세분화하였습니다. 预科班은 정독, 연습, 말하기 모두 하나의 교재를 사용합니다.

처음 두 시간은 정독 선생님이 강의하고, 다음 두 시간은 연습 선생님이 강의하고, 마지막 두 시간은 말하기 선생님이 강의 합니다.

모두 이러한 형식으로, 하루에 한 과목씩 배우며 교재는 博雅起步篇로 합니다. 우리가 이러한 방식으로 수업준비 해야 선생님의 부담이 줄어들 수 있습니다. 그렇다면 "他们家的生意越来越火了이라는 예문을 정독수업에서 강의한다면, 우리는 "火"의 의미를 강의 해야 합니다. "听了他的话爸爸就火了"와 "他们家的生意越来越火了" 두 문장에서 "火"는 완전히 다른 개념입니다. 이러한 것은 정독수업에 강의해야 합니다. 그 다음 越来越 이라는 언어포인트를 강의하고 같이 연습합니다.

이것은 정독수업의 미션이라고 생각합니다. 그렇다면 말하기 수업에는 무엇을 해야 합니까? 말하기 수업에서는, 학생이 "火"의 의미를 이해하였다는 가정하에 선생님이 "你家里有幺有做生意的人？", 他的生意火不火 와 같이 대화모드로 들어갈 수 있어야 합니다. 만약 듣기 수업이라면, 객관식 문제가 나올 것인데 학생이 정확하게 선택하였다면 더는 설명하지 않고 만약 학생들이 잘못 선택하였다면 학생들이 越来越을 이해하지 못했는지 아니면 火을 이해하지 못했는지 알아보고 그 다음에 설명해야 합니다. 읽기 수업에는, 읽은 후에, 강사가 你可以问他们家的生意怎幺样라고 물어보았을 때 학생이 "非常火라고 대답하면 이 학생이 火의 뜻을 잘 이해한 것이고, 만약 他们家财产都没有了라고 대답했다면 학생이 잘 이해하지 못했다는 것입니다. 그렇다면 다시 설명해야 합니다. 이 네 개 수업에 대한 것은 제 기억 속에 있는 것을 얘기한 것인데, 누락되거나 부족한 부분이 있다면 죄송합니다. 감사합니다.

• **김현철 교수님**

저도 의견이 있습니다. 만약 질문자가 한국에 있다면 한국의 영어교육시장을 참고해본다면 도움이 될 것 같습니다. 왜냐하면 한국에는 영국 미국 등지에서 출판한 장르별 교재가 매우 많습니다. 한국에서 한국어가 모국어 이고 영어는 제1외국어, 중국어는 제2외국어 입니다. 그러므로 한국에는 영어교육과 교재에 대한 연구가 비교적 많습니다. 참고하시기 바랍니다.

提问八　**高新**

• **질문**

　저는 高新 선생님이 얘기하신 중국어사전에 근거하여 분류한다는 관점에 대해 개인적인 생각을 말해볼까 합니다. 개인적으로는 이 같은 분류방법은 부족한 부분이 많다고 봅니다. 예를 들어 선생님께서 말하신 "大", 이 한자는 정도가 깊고 얕음에만 의미의 차이를 지니는 것이 아니라 한자의 의미에서 출발하여 보면, 정도의 깊음만 의미합니다. 그러므로 중국어사전편찬은 보완할 문제가 존재 한다고 봅니다. 저의 의견으로는 한자 본연의 의미에서 출발하여, 확장된 의미까지 나아가고 또 단어교육이나, 예문교육으로 나아가야 한다고 생각합니다. 그러므로 저는 반드시 한자 본연의 의미에 입각해야만 가능하다고 생각합니다. 이것은 제 개인적인 생각입니다. 감사합니다.

• **답변**

　현대중국어사전은 지금 현존하고 있는 사전에서 가장 규범적인 것이라고 생각합니다. 그러므로 우리는 현대중국어사전을 가장 많이 사용합니다. 하지만 사람마다 자기만의 이해가 있습니다. 이는 우리가 종사하는 사업의 성질이 다르기 때문입니다. 제가 보기에, 지금의 외국인 대상 중국어 교육에 있어서 현대중국어사전을 이용하는 것이 비교적 믿음직하다고 봅니다. 감사합니다.

提问九 高新

• **질문**

외국에서 외국인 대상 중국어 교육을 하는 선생님은 대부분 한국인 유학생을 대상으로 합니다. 그리고 선생님들의 수업배정 양도 부족한 실정입니다. 그렇다면 수업 중 어법의 비중은 얼마를 두어야 하는지 궁금합니다. 그리고 한국인 선생님과 비교해 볼 때, 우리는 어느 방면에 더욱 집중해야 해야 하는지, 강점을 어디에 두어야 하는지, 중국인 선생님의 수업에서 어법적인 비중은 얼마 두어야 합니까?

• **답변**

이는 중국어를 배우는 학생들의 목적에 따라 고려해 보아야 한다고 생각합니다. 만약 학생이 학부생이고 단지 학력을 목적으로 한다면, 우리는 순서대로 천천히 가르쳐야 하며, 만약 어학연수생이라면, 우리는 단기 연수반의 성질로, 학생이 오직 표현방식만 기억해주도록 강의 하면 됩니다. 이는 주로 중국어를 배우는 학생의 궁극적 목적이 무엇인지를 봐야 합니다. 그리고 한국에서의 중국어 교사에 대해, 한국인 선생님은 어법에 많은 시간을 부여하고, 수업에서도 중요한 부분이고 비중도 크지만 제 개인적인 생각으로는 이러한 방식에 찬성하지는 않습니다.

단기학습효과로 보면, 한국인 선생님이 한국어 모국어로 중국어를 강의하면 학생들이 받아 들이는 시간은 비교적 빠를 수 있습니다. 그렇지만, 1년 후에 한국선생님과 중국선생님이 배출해낸 학생들을 비교해보면, 어법면에서 차이는 크게 나타나지 않습니다. 왜냐하면 학습의 궁극적인 목표는 사용하는 것이고 이해는 5%정도만 차지할 뿐입니다. 이해는 순식간에 할 수 있지만, 실제로 사용하기는 어렵습니다. 개인적으로 어휘량은 많지만 구를 만드는 것을 어려워하는 사람이 많다고 생각합니다. 저는 한국어 어휘는 많이 알고 있지만, 한국어 동사는 어떻게 변화하는지는 아직도 잘 모릅니다. 외국인이 중국어 배우는데도 이와 같은 문제에 부딪힌다고 생각합니다.

왜냐하면 중국어의 어순은 매운 엄밀합니다. 하나의 성분이 틀리면 전체 문장이 틀립니다. 어떤 학생이 겨우 하나의 성분을 잘못 사용한 것인데도 선생님은 학생이 말하려고 하는 내용을 파악하지 못합니다. 중국어에서는 어순이 매우 중요합니다. 그러므로 기초가 없는 학생에 대해서는 먼저 문장을 연습시켜야 합니다. 예를 들어, "你好" 도 문장입니다. 아무리 짧더라도 학생이 문장을 말하도록 해야 합니다. 문장을 말하는 습관을 기른 후, 학생 스스로 어법에 대한 이해를 하고 실제 사례와 언어환경을 통해 터득하도록 해야 합니다. 지나친 설명과 해석은 불필요하다고 봅니다. 질문자는 이러한 실험을 해 볼 수도 있습니다. 5개의 구절로 하나의 언어포인트를 연습 할 수 있으며 이를 통해 학생이 중국어에 대한 어감을 향상시키도록 할 수 있을 것입니다.

- **답변(盛)**

제가 조금 보충하겠습니다. 제 개인적인 생각으로는 중국어 어법은 중국어를 모국어로 하는 사람을 대상으로 한다고 봅니다. 그리고 수많은 규칙은 모두 가설입니다. 그러나 전제조건은 배우는 대상이 중국어를 말할 능력이 구비되었냐하는 것입니다. 이 능력을 갖추었다는 전제 하에 출발하여 수많은 규칙을 귀납해내야 합니다. 하지만 우리 선생님들은 규칙이 있으면 예외가 있고, 예외가 있으면 또 그에 따른 해석이 있다고 하였습니다. 결론은 어음 혹은 음운, 어휘, 어법은 모두 수많은 예외가 있습니다. 그러므로 이 문제에 대해서는 아직 暫擬语法体系를 따릅니다. 그러므로 스스로 판단해야 합니다. 학부생들에게 잘못된 부분을 찾으라고 하니 수많은 저서에서 잘못된 부분을 찾아내더라구요.

그리고 컴퓨터시스템에서는 원칙을 바탕으로 한 통계를 기반으로 하는데, 규칙은 통계를 떠날 수 없습니다. 그러므로 이것은 규칙과 통계를 결합하는 것이라고 봅니다. 그러므로 중국어 어법을 중국인 모국어학생에게 강의할 때는 설명하면 할수록 더욱 복잡해질 수 있고 외국인 대상으로 수업할 때는 어떻게 해야 어법을 잘 설명할 수 있는가? 개인적인 생각으로는 가장 핵심적인 부분, 가장 기본적인 것만 설명하고, 예를 들어 구조나 품사의 관계 등을 설명하고, 예외는 어휘주의 추세에 따라 구절을 단위로 하여 거기에 원형이론을 결합하여, 학생들에게 원형문장을 가르쳐주는 것이 좋은 것 같습니다. 이렇게 한다면 학생은 이에 관한 어법구조관계를 알게 되고, 언어 성분자리에 어떤 품사를 사용할 수 있는지는 어법교수요강을 참고로 연습하면 된다고 봅니다. 중국어에서 많은 문장을 이해해야 합니다. 만약 설명이나 분석을 통해 해석하려면, 어려움이 있다고 봅니다. 이는 제 개인 소견입니다. 감사합니다.

• 답변(金)

제가 조금 보충하겠습니다. 국내에서 국내학생들이 사용하는 교재는 외국인 학습자는 해당되지 않는다고 봅니다. 유학생이 제기한 어법문제는 보통 중국인이 생각할 수 없는 문제입니다. 또 어법 책에 나오지 않은 문제입니다. (웃음) "我们每个星期去了家乐福" 우리는 이렇게 말하지 않습니다. 하지만 선생님은 무엇 때문에 "了"를 사용 할 수 없는지 설명해야 합니다. "我们经常去了家乐福"도 말할 수 없습니다, 이와 유사한 것으로는 "突然"과 "忽然", "刚才"와 "刚刚" 등이 있습니다. 우리는 이런 어법을 가르쳐야 합니다. 단어가 언제 사용할 수 있고 언제 사용할 수 없는지, 두 개의 시간명사를 사용할 수 있는데, 만약 하나의 시간명사를 사용하였다면, 더 많은 시간부사를 사용할 수 없습니다. 그러므로 외국인 대상과 중국인 대상으로 어법을 가르칠 때 사용하는 교재는 서로 다릅니다. 또 하나의 제안은 학생들에게 어려운 어법용어는 가급적 사용을 자제하고 예문으로 어법을 많이 강의하는 것입니다.

提问十 | **盛玉麒**

· **질문**

盛玉麒 선생님께서 어휘속성에 대해 얘기해 주셨는데요. 어휘속성 중에서도 차범주(次范畴) 확립에 대해서도 얘기해 주셨습니다. 차범주 확립에 대해 자세히 설명해주셨으면 합니다. 예를 들어 확립의 기준이 무엇인지, 확립방법은 어떤 것이 있는지, 혹은 확립하는 과정에 어떤 문제들이 있는지, 이러한 차범주의 확립은 어떤 문제를 해결할 수 있는지, 혹은 현대 어휘계통과 어떠한 부분이 상충되는지 알고 싶습니다.

· **답변**

차범주에 대해서 저의 견해도 다른 학자 분들의 견해와 비슷합니다. 현재 품사를 구분함에 있어, 몇 개의 큰 갈래만 있는 것이 아직 미흡한 점입니다. 보통 큰 갈래마다 세분화하는 작은 부류가 있는데, 동사나 판단동사 등이 있는데, 이러한 구분만을 통해서는 문제를 해결할 수 없습니다. 지금은 언어기능면에서나, 정보처리 방면에서 수많은 단점을 발견하였습니다. 그리고 의미자질, 구조, 기능 등 기타 여러 방면을 통해 노력하고 있습니다. 예를 들어 베이징대학에서는, 어법정보코퍼스를 구축하였는데. 이 코퍼스 안의 정보어휘품사의 세분화는 백여종에 달합니다. 그런데 이는 기계에 사용하는 것입니다. 또한 기계가 규칙을 판단할 때는 예외가 있기 마련인데 이러한 예외 예문들은 어떠한 공통점이 있는가, 또한 독립적인 하나의 부류로 나눌 수 있는가? 저는 구별사를 예로 들어 설명하겠습니다. 외국인 대상 중국어 교육에서, 지금 생각할만한 것은, 예를 들어 겸류사는 하나의 품사종류이고, 동빈사도 하나의 종류이고, 离合词도 있습니다. 또한 중국어는 형태가 없습니다. 하지만 접속사은 존재합니다. 접속사는 광의형태이론을 운용한 것입니다. 예를 들어 우리가 말하는 "灯"은 생활에서 얼마나 많은 종류의 조명이 있을지는 우리가 일일이 다 열거할 수 없습니다. 만약 단어를 구성하는 원리를 알려준다면, 그런 뒤에 灯을 하나의 접속어로 보고 단어를 구성할 수 있습니다. 한국어에서는 이런 경우가 매우 많다는 것을 발견하였습니다. 중국어 한자 문화는 이것을 하나의 인지로 간주하여, 이것을 단음절 형태소로 나누고, 그들이 다른 형태소와 결합하여 사용할 때 열거관계를 사용할 수 있는데, 그들의 공통점을 귀납해보면 하나의 차범주를 확립할 수 있다는 결론이 납니다. 예를 들어 형용사를 보면, 형용사에는 상태와 성질 두 개의 큰 부류가 있습니다. 그러나 상태형용사와 성질형용사 안에는 소리동작 형식이 존재합니다. 서로 다른 소리동작형식에 따라, 작은 범주를 분류 할 수 있습니다. 예를 들어 소리형식이 있는 것은, 정도부사와 다시 결합 할 수 없습니다. 이 안에는 통사규칙이 존재하는데, 저는 이것은 매우 큰 공간이라고 생각됩니다. 동사를 예로 들면, 예전에는 오직 의미에 입각하여 분류하였는데, 사실은 논항의 관점에서, 매개 동사와 연관되는 논항을 분석하면, 교학에서 더욱 세분화 된 규칙을 발견할 수 있습니다. 감사합니다.

周荐

• 질문

오늘 17년전 석사반 때 저를 가르쳐주신 周荐 선생님을 만나 뵈어 정말 기쁩니다. 마치 타임머신을 타고 17년 전으로 돌아가서 17년이나 젊어진 듯한 기분입니다. (웃음) 최근에 김현철 교수님의 지도하에 논문을 작성하고 있습니다. 그 내용은 "현대중국어" "현대중국어규범사전" "현대중국어학습사전" 등 국내 출판한 사전과 한국에서 출판한 일부 사전을 고찰하고 있습니다. 이를 통해 향후 한국에서 중국어 사전을 편집할 때 주의점과 극복해야 할 문제들을 찾으려고 합니다. 예를 들어, 국내의 세 개 사전을 분석할 때 문제가 아래와 같은 두 방면에 있는 것으로 보입니다. 첫 번째는 의미해석 방면입니다. 특별히 현대중국어 사전, 이는 현재 국내에서 비교적 권위적인 사전이지만, 수많은 단어들의 해석은 매우 성의 없다고 할 수 있습니다. 예를 들어 "挤压" 의 해석을 "挤和压"로 해석했습니다. 중국어를 모국어로 하는 사람은 "挤和压" 의 해석을 이해 할 수 있는지는 확신하지는 못하지만, 외국인의 입장에서는 해석하지 않은 것과 마찬가지입니다.

두 번째는 예시 방면인데, 빈도가 높은 단어는 예시를 주었는데, 오히려 빈도가 낮은 단어는 예시를 주지 않았습니다. 그리고 지나치게 쉬운 예문을 들 때도 있습니다. 예를 들어 예문의 길이가 네 글자뿐입니다. 또 어떤 예문은 길이가 매운 긴데, 어느 한 예문에서는 한정어가 21개 글자로 되었습니다. 한국에서 향후 중국어 사전을 편찬할 때 해석과 예문방면에서 어떠한 문제를 주의해야 하는지 의견 주셨으면 좋겠습니다.

• 답변(周)

高新 선생님께 의견을 제기하겠습니다. 高新 선생님께서 현대중국어사전이 규범적이기 때문에 우리가 사용할 수 있다고 하셨습니다. 비록 현대중국어사전이 비교적 규범적이고, 현재 대륙에서 가장 좋은 사전이지만 그래도 수많은 문제들이 있습니다. 예를 들어 61년 시험판부터 96년 제1판 까지, yao자를 수록하였는데, 이 한자는 좌는 要자, 우는 勿자로 구성되었습니다.

주지하다시피 하나의 한자 때문에 하나의 음절을 세우고, 하나의 규칙을 깼습니다. 또 02년의 판본에 "二鄂音"이라는 단어를 수록하였는데 이 단어는 나라에서 취소하라고 명령한 번체자 입니다.이 글자는 좌에 口자 우에 恶자로 되어 있습니다. 이러한 문제는 매우 많습니다.

매번 새로운 판본의 현대중국어사전이 출판할 때, 이를 찬성하는 학자들도 있지만, 이성적인 시각에서 의견을 제시하는 학자도 있습니다. 저는 보통 찬성하지 않고 계속 문제를 제기해 미움을 받습니다. (웃음) 그러므로 질문자가 제시한 문제는 아주 큰 문제점이라고 생각합니다.

사전의 해석에 대해서는, 수록된 항목이 많고 적음은 큰 문제가 아닙니다. 의미항목이 만약 하나의 단어에 세 개 혹은 네 개의 의미항을 수록하였다면 이것을 해석할 수도 있습니다. 하지만 의미해석은 큰 문제입니다. 그리고 아주 세밀한 작업입니다. 여기서 편찬하는 사람들의 능력을 볼 수 있습니다. 만약 한국에서 이러한 사전을 편찬할 수 있다면, 현대중국어사전을 참고로 할 수 있지만, 완전히 번역하면 안 됩니다. 왜냐하면 반드시 외국인을 위해 편찬해야 합니다.

현대중국어학습사전은 田曉林선생님이 제기하셨는데, 예전의 사전과 같은 서적들에 수록된 이론을 수집한 것이라 괜찮다고 생각합니다.

• 질문

우리도 이와 같은 문제를 생각해보았는데, 현대중국어학습사전이 현대중국어사전보다 좋지만 여전히 한국에 적응하지 못한다고 봅니다.

• 답변(周)

그렇습니다. 다음 사전은 질문자가 편찬하세요. (웃음)

• 답변(金)

저는 周 선생님과 의견이 다릅니다. 周 선생님 화내지 마세요. (웃음) 현재 소위 현대중국어사전은 그 이름에 부합되지 못합니다. 현대중국어사전이라기는 보다 북방언어사전 혹은 표준어사전이라고 하는 것이 더욱 부합됩니다. 그렇다면 광동어는 현대중국어가 아닙니까?

사천어는 현대중국어가 아닙니까? 오방언은 현대중국어가 아닙니까? 모두 현대 중국어입니다. 그렇지만 yao자를 오방언(吳方言)에 포함하는 단어라고는 인정하지 않습니다. 그리고 수많은 다른 지방언어가 있지만 현대중국어사전에서는 모두 수록하지 않았습니다. 왜 그들을 현대중국어라고 하지 않습니까? 사실 그들은 현대중국어입니다. 예를 들어 "duang"、"biang"등 입니다. 지금 우리가 말하는 현대중국어사전은 표준어사전이라고 해야지 방언을 포함하지 않습니다. 저는 fyao자 단어가 출현해도 상관하지 않습니다. 그것이 하나의 언어사실이기 때문입니다. 서로 다른 지역의 사전을 편찬 할 수도 있습니다. 더욱 높은 차원에서 볼 때, 중국어를 세계에 진출시키려면, 우리는 서로 다른 나라에 서로 다른 언어 특색이 있어야 한다는 것을 인정해야 합니다. 예를 들어 일본어식 중국어, 싱가포르식 중국어 등입니다. 일본인들이 하는 표준어는 중국인이 하는 표준어와는 조금 다릅니다. 마치 이차방언을 형성하는 것과도 같습니다. 만약 엄격하게 요구한다면, 오히려 중국어의 발전과 전파에 유리하지 못합니다.

- **답변(周)**

   보충하겠는데, yao가 수록된 원인을 본다면, 제1판의 주 편찬인은 정성수 선생님이고, 제2판의 주 편찬인은 여숙상 선생님 입니다. 그는 단양사람입니다. 선생님께서 말씀하신 몇 개 한자는, 우리가 그 지방에 있는 사람을 편찬인으로 해야 할 것 같습니다.

- **김현철교수님**

   저는 사전 편찬 사업을 한지 십여 년이 되었습니다. 어느 한 출판사에서 십억을 투자하여 사전을 편찬하려고 했으며, 이에 참가한 인원이 200여명에 달합니다. 하지만 아직 출판하지는 않았는데 그 이유는 무엇일까요? 아까 두 분이 얘기한 문제를 아직 해결하지 못했기 때문입니다. 우리는 전세계의 중국어사전을 연구해 보았는데 현대중국어사전이 한국에 제일 적응하지 못합니다. 이는 중국국민을 위해 편찬한 사전이지 한국국민을 위해 편찬한 사전이 아닙니다. 그러므로 우리의 목적은 한국국민을 위해 중국어사전을 편찬하려는 것입니다. 관건은 책임감입니다. 그리고 한국어의 문제이고, 또 도덕적 문제도 있습니다. 돈의 문제가 결코 아닙니다. 네 그럼 여기까지 하겠습니다.

中 文

发表

主持　金铉哲_延世大学校

发言　金立鑫_上海外国语大学
　　　周　荐_澳门理工学院
　　　盛玉麒_山东大学
　　　高　新_山东大学

上海外国语大学 金立鑫

一个是教师，一个是教材，一个是教法。这"三教"的问题。那我们想，这"三教"之间的概念，"三教"之间的关系都非常重要。对我们每一个语言的老师来说，我们清楚这三个概念它们之间的相互关系，以及这三个概念本身的内涵，这非常重要。对我们作为语言来说，相当关键。

（一、教材）

第一个，那我们想讨论一下这个语言教材。

一个好的、比较成功的语言教材，我想有两个最重要的必要条件。这两个必要条件是来测量一套语言教材它是否优秀还是不那幺好的教材的重要标准。一个呢，我们认为一套好的语言教材，首先，是这个教材本身要能够很准确地、而且简明地（非常通俗的、很明白的）介绍这个语言系统、语言结构等这个语言本身的知识，要能够很准确地阐释。那一套好的教材绝对不允许对这个教材所教的语言对象作出错误的解释，这是绝对不允许的。别的文章里面有错误可能没关系，但是作为语言教材是绝对不允许的。所以一套好的语言教材的编写者，必须要有非常扎实的语言功底，对语言的了解相当准确，才能够编写教材。这是第一条标准。简单来说，这个语言教材对语言本身的知识系统的阐释要非常准确到位。这是第一条。

第二条，这个语言教材本身要具有能够反映一套教学法理论。现在我们可以看到有很多语言教材可能它在语言的知识点、对语言的解释方面可能做得比较好。但是我所看到，有很多语言教材背后缺乏"灵魂"，这个"灵魂"我们指的就是语言教学理论的灵魂。在历史上曾经有过不同的教学法，每一种教学法都会推出相应的教材，这个教材是反映教学法理论的。可是我们现在看到，我们很不满意的是，有很多语言教材它虽然对语言的知识点解释得比较清楚，但是也很难看到这个教材它开宗明义告诉你这个教材是根据什么教学法来编写的、用什么教学理论来编排的。很少有教材能做到这一点。

好，从这两点来说，我们现在能够感觉到非常满意的教材并不多。绝大部分的教材在第一点上大概能做到，但是在第二点上很差强人意。这是两个必要的条件。

（二、教师）

那我们在看语言教师。

一个好的语言教师也必须能够满足两个最基本的要求，也是必要条件。第一个条件，语言教师要对语言教学对象语言本身要有非常好的训练，对教学对象语言本身的知识性、系统性要了解得非常扎实。教师在课堂上对学生对语言点的解释不是在煳弄学生，不是告诉学生"这是习惯用法，你背就可以了"。一个好的语言教师不仅要能够清楚地向学生解释这个是这样的，还要向学生解释它为什么是这样的。要让学生了解这个语言现象，知其然，还要知其所以然。这是语言教师的第一个基本功，就是对语言现象本身，要有非常好的学术训练。如果没有对这个语言系统本身特别的训练，特别是语言的训练，要做一个好的语言教师，我觉得是想当困难的。我们现在来看本科是文学的老师在教语言和语言出身的老师在教语言，这两种老师在教语言的时候有个感觉，是两种不同的风格。语言教师教语言，可能有系统的语言点的编排。比如说，语言点在这个语言系统中，哪些是比较简单的，哪些是比较复杂的。某一个功能表达，在第一册、第二册、第三册等不同的阶段，它是怎么样循环地训练的，语言教师对此有很明显的概念。而文学教师可能会没有这个概念。好，这是我说的第一个标准。

　　一个优秀的语言教师还要具备第二条标准、第二个必要条件，就是任何一个好的语言教师，他/她必须有系统的教学法。他/她懂得教学理论、懂得我们所说的教学心理学也好，对教学对象怎么样进行教学的互动，在课堂上如何采用不同的教学技术，采用不同的教学法，用不同的教学大纲，怎么样安排课程教学，等等在教学上的这些理念。这个教师在教学法方面应该有所训练。这是作为一个语言教师来说两条必要的条件。一个是对语言本身的理解和解释的能力，一个是在教学法方面的基本功、课堂上控制能力。这些都是必须的，这两条缺一不可。否则很难做好一个语言教师。

　　（三、教法）

　　第三条，就是教法。

　　前面我们讲过两条，教材和教师，第三条我们来讲教法。在这里我要讲的教法有三个层面。第一个层面是approach层面，就是教学理论和塬则，比如说历史上曾经出现过的一些着名的教学法，比如说背诵法、翻译法、听说法、还有现在流行的任务教学法等等。都是approach，都是塬则层面的。好，第二个层面就是method层面，这个层面可以说是贯彻approach层面的一些具体的表现。比如说，method通常会表现为教学大纲、教材的编写、教学塬则等。然后再下面就是具体教学中，教师对课堂教学的一些技巧，这个是techniques的层面。这个层面是对methor层面的具体表现，教学法会表现为很多具体的教学技巧。请注意了，无论是课堂教学技巧也好，还是我们教材编写的塬则、教学的大纲以及对课程教学的要求等等这些都是第二个层面，它们会直接体现第一个层面的教学塬则，任何一个教学塬则都会表现为一些具体的教学大纲、教学要求、教学目的和具体的课堂教学技巧。这是教学法的一个系统。

　　好，一个好的教学法系统不仅要能够在这个方面做到相当充分，让教师明确一个好的教学法是怎样贯彻课堂教学的理念，同时，一个好的教学法还能够对一个教学对象语言的教学塬则本身作出很明确的、很系统性的描述。比如，对这个语言来说，你是用功能教学法还是用结构的教学法，功能教学法和功能教学法的安排，结构教学法和结构教学法的安排。国内有一段时间是强调功能和结构结合的教学，其实功能和结构要结合起来真的很不容易。我们知道，作为功能教学法，首先你要安排功能优先，比如说"见面"，首先你要安排打招唿、认识人、买东西、道歉、祝贺别人等，这是根据功能项目来安排，通常来表现这个功能主要用的哪些语言手段。这些语言手段在表达不同功能的时候，要选取什么样的，比如说选取"高频先见"的塬则。任何语言教材，一定会在词汇编写、语法编写方面一定会根据使用频率的高低来选择。同样的一个"道歉"，你可以在一年级出现，也可以在二年级出现，可以在三年级四年级等不同的年级出现，但是它的表现手段、词汇、语法都不一样。那这是根据功能教学法的理念来安排的教学大纲。同样的你也可以根据结构主义的方法来安排教学大纲，那结构主义的教学大纲就是根据语言系统的内部结构，比如说是先教主谓宾呢、还是先教主语谓语呢、还是先教话题、陈述结构呢。比如说一个疑问句，是先教什么样的疑问句呢？是一般疑问句还是特殊疑问句？这些在结构方面（任何语言系统）都有一个很明确的系统性。根据这个系统性来安排教材的编写。比如说以前许国璋先生的英语教材，相比较美国的《英语900句》，差不多都是以功能为纲来编排的。特别是《新概念英语》，就是以功能为纲的。好，无论你是用功能的塬则还是结构的塬则，总之你必须要有一个比较明确的教法法来体现。

那幺现在我们所面临的问题是什么呢？比如说我们在韩国教汉语，或是在中国教韩国学生汉语，我们所使用的教材、我们的教师、我们的教法学，是否都能达到教材的两个标准、教师的两个标准、教学法的两个标准？是否都满足这六条标准了？其实情况并不能让我们满意。我们看到有很多语言教师，他/她可能在语言系统方面有比较好的训练，他/她可能是汉语系、中文系出身的，单他/她恰恰不会教汉语，就是说教学法方面不行。可是一些教育学院出来的老师，他/她在教学法方面很好，比如说汉办的许琳主任，她非常看重教学法，她特别欣赏幼儿园的教师。幼儿园的教师很会教孩子，但这些教师在语言训练方面真的是"堪忧"——根本就不懂语言系统的知识。这两种极端在国内外都可能出现。在教材方面，刚才我已经说了，我们所见到的国内外出版的教材，不像国外的一些英语教材有很明确的教学法理念，比如说 《新概念英语》、《三L英语》、《英语900句》 等，它开宗明义告诉教材的使用者，我们这个教材是采用什么教学法理论来编排的，它会告诉教师怎幺样使用这个教材，它会有一套教师手册，这个教师手册实际上把教材的安排、教材的使用全部告诉你了。可我们的教材很少有这样成系统的：一要有课本、二要有教师手册、三要有训练。其中的训练也是根据教学法理论来安排的。可是我们这样的教材多不多？不太多。所以这方面我们还要有相当多的工作来做。不论是对韩国语还是对其他语言的教学也好。

那再就是语言教学法的理论，我们的研究理论确实还不是国外的多。在中国，很多教学法理论都是"进口"的。就是外国人提出，比如现在很流行的任务型教学法，其实我们想一想，任务型教学法真的适合语言教学吗？我觉得可能很难。任务型教学法可能在MBA商业教学领域，可能会有一些带着不同任务去做一些社会实践来达到训练的目的，可是在语言教学方面，任务型教学法真的能使语言教学获得很大的成功吗？我们知道，一套成功的语言教学法的标准是什么？好的语言教学法的标准是用最短的时间获得最好的教学效果。可是任务型教学法告诉我们什么？本来二十个课时就能够完成的教学目标，到了任务型教学法，可能要三十个课时、四十个课时才能完成教学法任务。因为它要花大量的时间去课堂外做所谓的任务。所以任务型教学法并不满足我们刚才所说的标准。评价一个好的老师、好的教学法的另一个方法就是我所说的 "经济"。一个老师能够把复杂的问题讲得很简单，把一般老师和教材说不太清楚的内容讲得非常清晰，学生一听就懂，这是好的老师。一个好的教学法就是你用四个课时才能完成的教学任务，我用三个课时就能完成。这是好的教学法的一个很重要的标准。可是目前来看，我们在这方面的建设和探索还远远不够。

好，我们再回过来。我还有时间吗？（笑）我一说起来就没完，对不起啊。后面还有三位老师。我简单说一下。

其实在东亚汉字文化圈的汉语教学，远超过英语国家的汉语教学优势。因为我们知道，无论是韩国语也好，还是越南语也好，都有很多汉字词。而且这些汉字词的发音和汉语的发音在很多地方具有对应关系。我也实践过，花一个学期用韩国语的汉字词带零基础的韩国学生来学习，我用韩国语的汉字词来带动他们扩展词汇，比如"水"这个字，学了这个"水"字，我就会引导他们学更多大量含有水的词汇。我只花了几个课时之后，我不用教我的学生，我只给他们看那些汉字词出现了，让他们试着用普通话发音，他们竟然能发出来。这是所有语言学习者都具有的先天的类推能力。他们掌握了这个发音的规则，他们就能推出这个汉语时怎么发声音的。尽管他们没学过这些汉字词，但是训练一周两周之后他们就能有这种类推的能力。这是教韩国学生学习汉语的一个非常好的捷径，但我们现在利用韩国语汉字词的规律来进行教材编排的教材不太多。其实这是一个可以充分挖掘、很明显可以提高教学效率的方法。当然我们需要考虑的是，用汉字词教学的时候要避免那种词型一样、意义完全不同的例子。比如在釜山教学时，一个韩国女学生，她很喜欢我的教学课堂。有一次，她跟我说："老师，你很多情。"（笑）我吓了一跳，如果我对她多情的话，我有问题啊。（笑）后来字典里查了才知道，韩语里"多情"的意思的热心、热情。我才松了一口气。

好的，谢谢大家！

金铉澈教授：好的，非常感谢金老师的发言！下面我们有请澳门理工大学的周荐老师做演讲。

（鼓掌）

澳门理工学院 **周荐**

谢谢金教授，谢谢在座的各位老师、同学。说个开场白吧，我接到金教授的邀请，真是觉得惶恐。为什么呢？因为国际对外汉语教学，虽然做过，但是在第一线做教学好像已经是很多年前的事情了。我二十年前曾经在韩国教过一年汉语，后来回到南开，再到澳门，也做过一些这样的教学，但不是我的主业。

接到这个题目之后呢，我想我应该把我的心得贡献给大家。

我应该讲什么呢？我是2008年离开南开到了澳门理工，我研究或观察问题的视角稍稍有点转移，从过去完全观察语言本体到现在考虑语言接触、观察跨文化交际，特别是海峡两岸间语言的变异。这是我这些年来着力做的一项工作。

其实无论是日本也好，韩国也好，还是其他国家的汉语教师，过去很多不是从大陆毕业，他们是在台湾学的汉语。当然现在应该也有一些还是从台湾毕业的。我曾经有一次在广州开会，有一位日本的老师用很地道的汉语跟我讲话："我跟你说（suo）！我跟你讲喔！"(台湾腔)(笑)。我说你是台湾的吧？对方回答："我是（si）日本的！" 就是说，他用的完全是国语的台湾腔在跟我讲话。所以我想我们的国际汉语教学，当然祖国大陆强势推广汉语，学生主要都是从大陆出来。但是还是有些人在台湾学习汉语。事实上台湾也在做这方面的努力，毕竟汉语也是他们的母语。比如说台湾师范大学，明年5月27到29号要举行华语文教育研究所成立六十年。他们一直在推广汉语，当然他们说是"华语"。

那我在想，我站在这个位置观察海峡两岸之间汉语发生的一些变异，这些变异，我们应该不应该重视它？都是对外汉语的教师，是忽略这个差异呢？还是重视这个差异呢？这是很需要注意的一个问题。事实上中国大陆因为政治塬因，说是非常强有力的领导也好，怎么说也好，我们整个大陆，其实现在涵盖香港澳门，汉语这种差异并不是很容易发现的，祖国大陆不用说了，就是香港的那些普通话老师，很多都是从内地过来，说的说的普通话很地道。但台湾不同。无论是语音、语法、词汇，都有一些问题。但是对于台湾的老师来说，他/她不认识问题。比如"十七"的"七"读一声，他们读二声。比如说"扔垃圾"，他们叫扔"乐色"。其实本来应该是仍乐色，老上海话也是这样。解放以后读字读半边，就变成垃圾了，把字读俗了。像这种语音的情况是不少的，语法的情况也很多。因为我特别喜欢看澳门电视台的澳亚卫视，它请了五六位台湾的名嘴，就特别能说的人，主持国际时事的节目。我发现他们嘴里有两个值得关注的特点，一个是喜欢用"那"，我们也不是不用这个"那"，但我们是该用的时候才用，可是我感觉他们呢，不管该用不该用，都用"那"。还有一个是"说"，这个"说"他们用的非常之多。这是语法的情况。词汇的情况就更多了。那幺据我观察，海峡两岸词汇的差异远远多于语法和语音的，绝对不容忽视。我曾经做了一个统计，就是拿海峡两岸两部语文词典来做统计、比照，咱们大陆当然用《现代汉语词典》(以下简称《现汉》)了，这是现在所谓最权威、最规范的，那幺台湾呢我选的是《现编国语日报词典》(2000)，因为它的前身是1974年的《国语日报词典》，而《国语日报词典》呢，它的主编是何荣先生。何荣先生他是怎幺个人呢？当国民政府光复台湾后，发现台湾人受到日本政府进行了半个世纪的还塬化教育后，几乎都不会说自己的母语了，只会说日语了。所以他们比较震惊，就立刻成立了一个国语推广语言会，从大陆选派了两个人。一个是魏建功先生，一个就是何荣先生。后来魏先生回到北大，何荣先生留在台湾。对着台湾的国语啊，他是鞠躬尽瘁的一个人。那么，虽然这么推广是一个实计，但是因为两岸隔绝太多年，而且因为一些对立的因素，你说东我说西，搞得两岸汉语的词汇，我感觉，差别越来越大。我对这两部词典作比较，收条差不太多。我们拿1996年《现汉》的版本，跟它最接近的2000年的《新编国语日报词典》这个版本来做比较，这两个版本收条很接近，都是六万多。四字格这样的单位它们都收了很多，但是《新编国语日报词典》收了6000多，准确来说占11.11%，《现汉》只收4000多，只占8%。从这个差距上可以看出，彼此之间拉开很大的距离。仔细看一看，有哪些不同呢？我们发现大量的成语在台湾仍在使用，这些不是台湾人自造的，是我们的汉语本来就有的，但在大陆汉语似乎越来越俗化，特别是极左的年代，营造的政治空气也不是让语言雅化的。

有很多问题，我在思考。有两个问题必须注意：一方面，我们汉语教师不能忽略海峡两岸汉语的差异；另一方面呢，我们是否应该有一个"大汉语"的观念？我们都说汉语，我们都以汉语为母语，都承认汉语时自己的母语，但这种差异是显而易见的，是存在的，是不容忽略的。只有承认汉语差异的存在，才能彼此探讨一些问题，才能增强向心力，尽量遏制离心力的发展。

还有一个问题是，既然承认了差异的存在，那么下一步就是编教科书的问题。那么两岸是不是应该坐下来共同研究这个问题？跟编教科书同时进行的工作那就是编词典的问题。这些问题呢，当然也已经有人在做。比如说两岸合作编词典，已经通过一些了。台湾方面比较有名的学者，叫何景贤，大陆呢就是李行建老师。但是他们编这个不是为语言教学服务的，更不是为第二语言教学服务的。那么两岸教师是不是可以合作一起编更适合大家共同使用的适合对外汉语教学的课本呢？这好像还没实际性的东西出来。

我今天就把这点意见奉献给在座的各位老师和同学，希望能够引起大家的注意。谢谢！

金铉澈：今天我们邀请的四位老师都是已经培养过韩国优秀的学生。下面我们有请山东大学盛玉麒老师。

（鼓掌）

山东大学 **盛玉麒**

在座的各位教授，老师，同学们好。非常感谢金教授给我提供这样的机会，能够和大家分享我在这方面的一些认识。题目是我经过推敲再推敲，设定为"基于中韩交集汉字词知识库的双语教学智能平台研究"。很大，十五分钟内，我要把它说明白，复杂的问题要说的简单一点。我是学文字学，博士是词汇学，但是我做的是中文信息处理。我在2000年的时候，接受"新世纪网络课程行动计划"，我是做现代汉语网络课程设计。因为我有中文信息处理的这样一个背景，所以我在论证时，就采用智能处理的专家库，叫做专家系统的这样一个思路。所以我的课程里边，有很多层次等等都中标了。后来到日本做过这样的教学，也在安东大学做过。所以我对中日韩汉字词方面，很有关注。因为我的一外是俄语，我这个年龄，我在东北长大，所以学的俄语。二外呢，我读研究生的时候学的日语，因为学文字学，我觉得学日语很方便。考博士的时候一定要考英语，就说你是小语种，逼着我学了一点英语。那这个题目呢，是基于我曾经来过也讲过关于交集汉字词的问题。我这次，把这几个集中说一下。

交集汉字词知识库双语教学智能平台,现状分析有这么几个。一是时代背景,我们现在处的时代。因为我曾近在澳门科技大学国际学做访问教授, 给那里的国际汉语专业硕士上汉语言文学与二语习得的课, 和那里的学生有很多接触。我发现在我上课的时候, 我讲到一个知识语言点, 还没等我提问的时候, 下边同学在手机上就把答案找出来了, 而且很详细。我布置的作业, 他们很丰富的, 那一看, 如果是放在几年以前, 我觉得都应该打满分的。有很多老师想不到的, 他们在网上很快的就搜到了。所以我就想一个极端转向两个系统, 就是哲学的语言学转向和人际系统和人机系统。我们搞语言学的, 一直在哲学的语言学转向边缘上。因为这是一个哲学问题, 哲学从本体论到认识论到分析论, 最后转到语言论, 然后它通过语言去研究哲学的问题。那我们是怎么样在这样一个语言转向下做的呢？我提出哲学的语言学转向与词汇主义趋势。就是我们可能从信息处理的角度上发现, 语法功能, 语法规则越来越复杂, 那么机器运算的时间就越来越多, 那么把一些语法规则放到词汇上去, 作为词汇本身的一个属性, 然后就减少了语言运算的程序。同时, 我们假如说, 形容词前面可以加程度副词, 但是这种规则在穷尽式的地去匹配的时候, 发现在很多情况下不使用。那么, 你要用这个规则告诉电脑, 告诉电脑把所有的形容词前面都加上程度副词, 或者看到程度副词, 后面的判断类形容词全错。我们教外国人也同样。所以呢, 词汇主义, 就是在词汇的属性上, 加强深入地发掘, 找出它的次范畴, 下位的, 那些小的, 就比如说, 塬来的非谓形容词, 朱德熙先生发现它是一类, 叫做区别词等等。那就说, 哲学语言学转向, 给我们语言学提出了新的机会。那两个系统（人际系统, 人机系统）不用说了。这个就是新媒体, 大数据和网络信息。这个我们过去说是信息爆炸, 给我们增加了很多麻烦, 现在发现, 我们要面对这个信息爆炸, 爆炸以后的信息是不是全都是垃圾, 尽管, 可能我们有权认为全都是垃圾, 没有用，我们下载，我们搜索，不管是在百度，还是知网，下载的东西，你搜索一个，几十万，几百万，你没办法看，全部看完，这个时候怎么办？其中有很多重复的信息。但这就是现实，我觉得现实，一切存在都是合理的，我们就承认它，我们没有办法，所以，昨天，我跟金教授交流，金教授说的一句话我很赞同，"这就是命！"。我们这一代人，面对的信息革命，然后出现了信息爆炸，然后出现了大数据，然后就有应付大数据的办法，所以现在，新媒体，我们每个人都在用，手机在手掌里，过去说，"放在口袋里的图书馆"，吕树先生的那篇文章，进入中学课本。但是现在呢，我们手机，掌上的世界窗口。你可以一切一切的都在手机上办。所以这是一个新的挑战。然后社会多元化，沟通小众化，知识碎片化，服务个性化，这"四个化"，我觉得是我们对外汉语教学也好，本体研究，应用研究也好，我们的社会生活，工作方式，同样要面对这"四个化"。因为社会多元化，我们要互相尊重，互相理解；因为沟通小众化，现在我们不能用一刀切，一个标准；知识碎片化，因为你要是一个大系统，可能不适用，大家都很忙，快节奏，所以碎片化，碎片化就要科学地组织，给我们出一个新的任务。服务个性化，过去说"因材施教"，这是孔子的一个理念，一个理想，一直是达不到的，所以今后或者现在就尝试这样。所以现在，叫做"一对一"教学模型很流行，可以通过网络实现这个新的模式。

然后，现状分析第二个，学习内容，统一规范的学习大纲，优选优化的语言项目表，还有第三方权威的语言教学考试，这四种。我们在86年，做了词频统计给国家，叫做"信息处理用现代汉语三万词语集"，那个统计结果得了省里的一个奖。这个统计结果，就被当时的汉办的刘英林教授，现在他在香港，编HSK大纲的时候采用了。当时他采用了19种。那么，当时到现在，已经有十几年过去了。但是，我觉得在所有的学科里，我在文学领域上课，我在其他院系上课，所有教材，只有对外汉语教学是有统一规范的学习大纲，优选优化的语言项目表，还有第三方权威的语言教学考试。其他的课程，都是老师出题学生答，给自己的学生判分，和HSK考试完全不一样。这个是一个很重要的问题。所以就给所有的对外汉语教学教师提出了一个很高的要求。

第三个分析是学习者，他的知识背景，能力背景，学习工具，学习方式。我觉得现在的年轻人是时代的弄潮儿。微信，这是我才学会了几个月，我去年到美国华文教学培训，那时我就没有微信，一个博士教授帮我下载。当时我还不知道我的手机密码，因为是孩子给买的，后来我就学会了。那一开始的Email，后来的短信，QQ，这些个不断地推陈出新，那么这些个在对外汉语教学上已经显示这个功能。去年我到华东师大，那里有个基地，每个人一个Ipad。而且现在在香港开会的时候，他们就有一个理念，就是说-我们给你一个平台，给你发Ipad，然后学生在上课的时候用,这样一个系统，那不同的学生可以做不同的作业，所以这种模式我觉得是很容易实现的。就像2002年，我在日本，我觉得他们那的手机，交电话费就送一个手机。在国内，一个手机就一两千元，我到现在都不理解，可是现在也快了，到送手机。所以这些，是给我们提供学习，这样一个新的方式。

第四个现状，就是韩国学习者的分析，我们今天谈的就是中韩之间的。那韩国的汉语学习者，首先一个1850个字，这个教育部规定的。因为我在2010年在安东大学专门做中韩交集的汉字研究。还有百分之60以上，有的文章说百分之70。这次我是又过了四五年来韩国，我还发现，有很多是超出汉语词典的那些汉字词。刚才金教授也谈到了，这个汉字词，我塬来是用现代汉语词典来做比较（后边我会给大家展示）。比较的时候交集很大，但是我这次发现很多不在现代汉语词典里的。比较的时候没在汉语词典里面，但是现实生活中往往都在用，所以这个应该超过百分之60。所以生活中的汉字文化，你到乡校，你到那去，你到民俗村，有很多汉字的书法作品，还有四大名着的翻译着作以及历史，中国的历史知识，都进入中学，国民教育当中。还有儒学研究会，一些研究会，因为这次，在安东，文学研究会，他们有吟诵朗读会。我当时兴奋，因为在国内，听不到吟诵这种方式。问题呢，第一个是，教材国别化，那我们究竟有没有更好的，刚才金教授说的我很赞成，就是说教材是不是在教学第一线呢？或者说它真正有一个教学理念，包括教学理论，方法等等，有这样一个认识的教材，这类教材好像是很少。另外工具书，现代汉语词典(我后面会举到例子)，大家都在用现代汉语词典，可是现代汉语词典不是为对外汉语教学学习使用的，还有分等级的，还有HSK辅导，应试这方面的，还有自测练习和反馈。HSK考试，我知道，因为当时用我们那个统计成果之后，就和他们有了很多的联系，后来就发现，他们考试，考完了之后，就把题都销毁，你可以考出不同的等级，但是你没办法知道为什么对为什么错，这个考试是有点霸王条款，因为对我们教学来说，以前有一个公司，它想做一个HSK模拟考试，但是那个问题出的很难，让我们先做，那是个电子版，我看了，确实，我们给出的题，可以判出个标准答案，然后对或错，我可以给出分数来，然后有人问你为什么错，这个很难回答。所以我们当教师，我们能够像金教授所说，能够知其然知其所以然，所以这方面，还有一个师生互动，就能够结果和过程都可以在监控下，还有网络资源，就是掌上资源。所以我这次谈的就是掌上资源的问题。第二，就是学生自主学习，不是被动的，还有一个是要有针对性，就是个性化，要有知识性，就是你交给他的知识，要符合他的认知结构。还有实用性，还有资源性，就是能够在有限的资源上扩展，还有服务性，就是满足他的需求，有交互性。那师生的需求，希望任何人在任何时间，任何地点，任何方式都能提出问题，都能解决，或者是获得解决。这个是我在做网络课程的时候，叫做通过建构主义的那个理论，还有就是现代教育技术网络课程这样一个理论，希望能够通过网络解决。那么就尽量友好方便准确实用有效。

【结合PPT展示的内容】 我们再看一下现代汉语词典的事例。这个呢，是举我们熟悉的例子。比如说我们学生都熟悉的"把"，"把"是一个一级，塬来是甲级，这里边它列了很多义项。学生有这个词典，老师也有这个词典，但是教学的时候老师不能依靠这个词典。这个肯定不实用。这样学生看了后肯定不知道怎么办。所以为什么说词典统计呢？词典的知识是静态的，是一个积累的，词典里的静态系统的语言的词的知识是一个古、今、中、外、雅、俗混杂系统。所以我们教，我们必须提出来，现在有的同学在学习的时候，他会用到这个词典的语言点去问老师，这个问题很麻烦。所以我们要有学生们专门使用的。我把现代词典作为分析作为例子来感受现代汉语词典对对外汉语教学的不实用。交集汉字词，包括人名，地名，组织，机构，事物，自然现象，日月星城，山川河流等等。还有倒叙的，汉字成语。一些汉字成语是一样的，还有异型汉字成语。比如说"来年"。"来年"在调查汉语方言的时候，有方言也说来年，但是我们通常说来年，但是韩国说"내년"，"내일"。"鸡蛋"，它有叫"계란"，也有叫"닭알"。啤机-맥주，试听-시청等等。这里可能有一些和日本的汉字词是共同的，我们很那说是从日本借来的还是从我们这里借过去的。而有一些，都是近代汉语的词，就是古文言的词在现代汉语中有的已经不用了，还有自造的，自造这块,，比如说，办公室-사무실，停留场-정류장等等。吞甘吐苦-탄감고토，它正好是动词在后边，名词在前面，本来是吞甘吐苦，但是在韩语中它就是动词放在后边你要看汉语的大字典，其实有很多是塬来有这样的成语，有这样的说法，不过韩国于当中就借用。所以这里的结构关系也是一个，汉字文化与韩国文化的比较。

另外，交集构式，因为构式语法是这几年热起来的，前几个月，跟陆俭明先生讨论过，有人问构式语法是什么？其实，构式包括词，语，句，等等很多。所以我说是广义构式。如果这样说有些构词法，他就属于构式里边的。比如说，돌머리-石头脑袋。完全是固有词，돌是石头，韩国语里边的，和汉字词没有关系，

但是它们的构式方式和汉语一样。所以，构式的意思，就是构式的方式，它在语义上有关系的相关性。那么，韩国语里的构词方式和汉语里的构词方式相关，这样一来，我们会发现，比如说谓词+程度补语，"累死了"，"烦死了"，"饿死了"等等。韩国语的说法跟汉语的说法完全一样。所以说，这个就超出了汉字词的层面，就是在它的语义认知构词方式，语言能力这方面，都有这样的交集。这就是双语，汉语和汉语之间共享的基础。那么HSK当中的汉语熟字生词，这是以前一个统计，当时老的HSK，有很多交集，还有半熟半生词，我这里说的半熟半生词是指前面的字是在HSK大纲里边，后面的那个字是生字。这样词也很多。

基于预料库的知识库很重要，就是说希望能够对学生，老师都能提供帮助。就是说不同的人可以得到不同的帮助。比如说老师需要编练习，在练习里要找几个生词，找几个熟词，提出符合的条件，都可以在知识库里建立。然后，数据分析和知识挖掘。这个就是要包括了预料库的建设，教材，通用的教材，还有学习者语料库的建设。其实我们做对外汉语教学，最重要的是看学习者语料库。那么学习者语料库，怎么样帮助我们做，我有一个办法，大家可以参考。就是你每次课布置作业或者是造句，让他先用母语写一遍，再用汉语翻译一遍，这一过程肯定有偏误。课堂讲了以后，第二次，你在让他把偏误改过来，再讲，第三次，再让他改过来。这个办法我在几个学校做过，而且教英语的也在这么做。这样做，你首先可以知道他的本意，他的偏误，现在我问有些教学偏误分析的时候，比如说，擦玻璃的时候，有个韩国学生说"手不进去"，实际上他想说的是"手进不去"，"手不能进去"，你要想让他用母语说一遍，知道他的本意后我们才能正确的修改过来。

双语平行语料库的建设，还有交集语料库的建设。这样大家一起来做多元个性化用户语料分析，然后就是协同创新，共创共享。谢谢。

山东大学 **高新**

大家好,我先自我介绍一下.我是山东大学国际教育学院一个普通的老师。教汉语，今年正好是30年。那么最近两年，在从事师资培训工作，大约听了150位老师的课，课时量是在500到700　　。所以我有一点感想，今天在这里和大家共享。前三位老师已经把理论讲的非常清晰，我在这里主要讲一下实践。我自己做老师，我只能自己跟自己比，自己跟自己比，只能现在的自己跟过去的自己比，这样就避免不了视野跟思维都非常窄。所谓的经验，有很强的主观性，那么我做师资培训以后，我就觉得视野开阔了。对于对外汉语教学这个工作，我做了三十年，但是又有了新的认识，有了新的思考，有了新的想法，我感觉我的视野一下子就特别宽了。我不光看到了存在的问题，我自己存在的问题我也看到了，那么也有了更多的新的想法，所以我想是特别是观念，教学的理念还有教学的规范，这几个方面我有自己的新想法，在这里我想拿出来和大家分享一下。

对外汉语教学这个学科，从确立到现在，我觉得发展变化是非常大的。一开始的时候，大家都知道，很多人不认为这是一个学科，但是现在无论是学科建设还是学术研究都有了非常的的突破。各位都是汉语老师，对这个历史肯定是很熟悉的。但是有三个问题，目前建设的不太好，教师，教材，教学方法。那么，解决的不太好的问题是什么呢？我觉得对外汉语教学的特点大家把我的不清晰。这是我个人的感觉。我希望得到大家的批评与建议。

很多人对于对外汉语教学的认识是不够的，所以呢，他就忽略了很多很多的内容。这个忽略的内容，我想从特点讲起。刚刚确立这个题目的时候，我自己看也是 "对外汉语教学的特点"，是一个老生常谈的一个题目，但是我觉得我还是要在这说一说。虽然大家都知道对外汉语教学是有特点的，但这个特点到底是什么？我觉得一句话很难概括清楚。我们每个人都知道它有特点，但是特点是什么很难概括清楚。这是因为我们从教材编写到课堂教学到水平测试这个全过程都存在这个特点，你忽略哪一点都不行，哪个部分都不能忽略。但是，恰恰又很多人，包括我自己，在不同的程度，不同的环节上忽略了。比如说，我星期二去大田大学看望我在澳门科技大学交过的学生，他们在大田实习。我一去，有很多学生过来问我。其中有一个学生请教我，"请你帮忙我" 这句话如何教给学生们。他说他打算先告诉学生，"请你帮忙我" 这个句子不对，"帮忙" 的后面不应该有任何的东西，可是我的指导老师说，这个 "任何东西" 这个概念太笼统了，学生们难理解，后来我就改了，改成，"帮忙" 的后面不能有任何成分，可是我的指导老师说，这个 "成分" 学生没学过，学生们不知道 "成分" 是什么，他问我怎么办。我马上就想到了，这个学生对对外汉语教学的特点把握的不清楚。对外汉语教学的特点是什么呢？是我们不要说，我们要示范。我们要用例子来示范。那怎么举例子，你就写 "请你帮忙我"，问学生对不对，学生可能说对，也可能说不对，如果学生们都不知道，那么你告诉他，在 "我" 的上面画一个叉，做到这个地步就可以了。你就三个这样例子，这个地方都不要，学生们就知道了这三个地方后面都不用。如果我一定要这个 "我" 怎么办呢？你把这个 "我" 画一个圈，用一个线引导 "帮" 和 "忙" 的中间，"请你帮我的忙" 就可以了。这个老师的例句示范，我觉得比说明有更好的效果。不知道大家是不是这样认为。那么，对特点理解的不够，就导致了方法上的忽略。这个对外汉语教学不是老师讲学生听这样简单的环节，而是让学生进入思考的状态，让学生自己去体会这个事应该怎么办，这个规则让他自己去总结，然后他会自然地运用这个理念。

　　另外一个学生提出这样的问题，"人们对幸福的理解都有自己的标准"，这个 "标准" 　我想这样讲，先查查现代汉语词典，现代汉语词典是这样解释的，但是我建议他不要借助现代汉语词典这样非常书面化的解释给我们的学生讲。我建议他, 现在的男生女生, 都特别喜欢谈男朋友女朋友, 你就用这样的话题, 你就问学生你找男朋友的条件是什么? 因为我们从这句话, 我们就可以知道, 学生只在中高级的水平。当你问 "你找男朋友的条件是什么?" 你就分别记下学生们回答。比如说 "个子高, 长得帅" 等等。有三四个学生说了以后, 你就可以说: "你们的标准都不一样"。这样学生不就理解了幺, 然后你再回到对于幸福的理解上, 你再问学生 "你觉得你对幸福的理解是什么?", 学生回答后, 你可以说 "我们对幸福的理解标准也是不一样的"。这一过程学生就自然习得了。我觉得这样的习得是最好最好的。所以我认为, 我们对对外汉语教学的认识不足导致了忽略, 这个是目前对课堂教学最大的一个问题。那幺, 我们回到这个最基本的问题上来, "什么是对外汉语教学?" 我想有两点, 我必须要跟大家说一下。一个是, 有很多老师分不清对外汉语教学和汉语教学的差别。虽然有的教师说分得清, 但是往往在汉语教学上却表现出分不清。那幺这两个的不同点是什么呢? 首先是跟小学生教学不一样。我1986年刚到对外汉语教学这个领域的时候, 我觉得就跟小学教学差不多, 那个时候我的认识也是有偏差的。那幺第二个呢, 就是跟现代汉语教学差不多。都是语音, 词汇教学。但其实很不一样。我通过听课, 我认为, 中国老师目前存在的最大的问题是对我们自己的母语认识不深刻, 感觉不敏感。这个问题我们来看几个例子。比如说 "这个字怎幺写?" 这是课本上的例子, 但是我们老师上课的时候说 "这个字儿怎幺写?" 学生就听不懂了。这个字儿, 一儿化, 学生就听不懂了。因为你看这个句子, 就是初级班的课, 所以这个 "字" 到 "字儿" 这个过程, 有一个听力过程, 有的老师就掌握不清这特点。还有呢, 课文是 "李老太太七十多岁了。" 但是问学生, "这个老人多大年纪了?" 学生们听不懂了。这是因为学生不会把老太太和老人联系起来, 他没有学过。第三个呢, 学生问: "潮湿跟湿润一样吗?" 这个问题水平就高一点了, 大概是中级水平了, 老师说, "一样"。但是这两个词明显不一样。但是我们怎么来

解释它们两个的不一样呢？都是湿，一个是潮湿，一个是湿润，我把我讲课的方法告诉大家。我跟学生说，"潮湿"是不舒服的感觉，"湿润"是舒服的感觉。这样学生就理解了。他在造句的时候，他想表达不舒服的感觉，他用 "潮湿"，他想表示舒服的感觉，他用 "湿润"。这就是对外汉语教学。第四个例子，学生问"老师，不客气，不用谢，我们应该用哪一个？"我也存在这个困扰，"고마워요"，"감사합니다" 我要用哪一个？那么老师说都可以，但是中国老师说都可以，前提是老师知道中国学生用不错。但是学生又问"哪个最礼貌？"这个问题是韩国学生跟美国学生问的。我想韩国学生问这个是因为，韩国有敬语，中国没有敬语。他想用最礼貌的词来回答问题。但是，老师说都可以，这样不行。其实他们是有区别的。再一个例子，学生问 "挺好的，比较好，一样吗？"老师说："差不多"。"差不多"是差多少？"差得多"又是"差多少？"不能这样回答问题。我觉得"挺好的"偏于口语，"比较好"则是有参照物的时候才用。比如说昨天不冷，今天跟昨天比 "比较冷"。这是在有比较的前提下用的。所以要给学生们讲规则。那么韩国的汉语老师呢，我不敢妄加评论，因为我很少有听过汉语老师的课，我稍稍有点感觉，如果说错了大家可以批评我。韩国的汉语老师，我感觉存在的问题是，第一，韩国语，第二，在语法问题上纠结的太多。因为你们有方便的条件，你可以用韩国语很舒畅地流畅地给大家讲。这是我自己的一个感觉。那么韩国老师要注意什么问题呢？比如说，我举一个例子，"他们两个的钱存在一个存折上"你们把"一个"轻读和重读，这个句子表达意思不一样。这就是语感，我觉得在语感上韩国老师不如中国老师那么敏感。"一个"重读的时候表示相同，它不表示数量，它表示相同。再举一个例子 "你的鼻子真好"，这个句子表示的是嗅觉，而不是鼻子长得非常漂亮。还有一个就是不论是韩国老师还是中国老师都面临的很大的问题都是词典的问题，特别是双语词典。我在韩国买了一个电子词典，我随机的打了一个"好看"，第一个义项是好看，反义词是"难

看", 二个是 "你带的那顶帽子很好看", 三个是 "儿子立了功, 做娘的脸上也好看"。中国老师看到这个句子一定会笑, 这个句子五十年以前说, 还有可能有人说, 现在几乎没有人会这幺说, 这个例子太旧了。这个例子不适应形势的发展。还有 "轻快", 我也是在词典上找的。第一个是 "他迈着轻快的脚步走上山来" 第二个例子是 "轻快地歌声从远处传来。" 第二个例子明显不对。那幺这样的问题, 你让学生怎幺去分辨。例句没有完全起到例句的作用。那幺, 到底什么是对外汉语教学? 我想从 "大" 字说起。现代汉语词典有十一个义项。第一, 体积; 面积, 小的反义词, 第二: 大小的长度, 孩子多大了? 第三: 程度深, 大红大紫, 第四: 程度浅, 不大出门, 不大说话, 第五: 排行第一老大是男孩, 第六: 年纪大的人, 第七: 敬语词, 尊姓大名, 第八: 表示强调, "大清早的", 还有是姓氏, 其余两个是方言词, 第一个是称嗯父亲, 第二个是称嗯父亲。我认为, 从对外汉语教学的角度, 8个有语法义项当中, 有四个是不合理的。第三, 第四, 地七, 第八。第三, "大红大紫" 仅仅是程度深吗? 我觉得中国老师一看就知道。"大红大紫" 其实不是一个完整的我褒义词。程度浅, 不大出门, 不大说话, 单这个仅仅是程度浅吗? 不大理解, 不大像话这个又怎幺解释? 还有敬语词, 尊姓大名, 有没有讽刺的意义? 我觉得有的时候有。最后我觉得: 表示强调。"大清早的", 这个学生最难理解。老师也最难讲。比如说这个 "大", 放在人的前面, 比如说 "大胖小子", "大老爷们", 它都表示不同的意思。第二个, "大清早的", 我们这个时候为什么用大? 当然它表示强调, 但是它强调什么? 我自己讲的时候我当时也不知道怎幺讲。那幺怎幺办呢? 那就是用法宝, 我觉得对外汉语的最好的法宝是找例句。我准备了这样几个例句。"大礼拜天的加什幺班啊?", "大清早的你怎幺不做饭?"。我们说凡是用 "大" 的时候, 都是这个时间段, 后边那个动作应该做的, 大清早的应该准备早饭, 你为什么没有准备?, 大礼拜天你应该休息为什么加班? 这个时候我们用大。就是我要表现后面那个事, 是不应该做的, 我不喜欢做，我不想做的，我才用 "大" 来强调。你只是说这个地方是强调，学生会很难理解。这就是对外汉语教学的特点。那么，由此看来，词典是一个很大的问题。母语者使用的汉语词典是不适用于对外汉语教学的，可是目前对外汉语教学没有专门的词典，针对这一现象，我想做语典，比如说，"挺好的"，你就察觉到他不是个词，这样的词就是语了。我要做语典，就是做分级的语典。比如说HSK一级的，150个词和它的义项，我把它全部做成一个语典，就是一个小口袋书，让一级的学生来用。每个词有五个到十个例句，学习者可以通过这个语典，学习准确的方法。那么，我们再回到特点这个问题上，我今天主要在方法和内容两个方面讲对外汉语教学的特点。汉语的语音，词汇，语法应该讲哪些内容，应该有哪些教学方法呈现？内容很多，这样一些因素，制约了对内容的选择，我们选择内容的时候一定要先了解特点，第二，要了解学生的水平。老师对内容的理解直接影响到学生。比如说，老师的理解有偏差或者失误。例如，"明天又是星期天了，我们又可以吃喝玩乐了"，我们知道吃 "吃喝玩乐" 是贬义，如果教师在内容理解上有偏误，这会直接影响到学生。老师对词的理解以及讲解不到位，就直接影响学生。比如说，"奉陪"，老师会解释为 "总是在一起"，但是这样一个解释是不到位的，缺乏了上下级关系。再举一个例子，"捡" 这个字。这个是我在课堂上听到一个老师在讲。他在课堂上讲这个 "捡"，"捡" 这个字大家都知道，是中级以上的人才会学到这个字。他说自己掉到地上的东西或者别人掉到地上的东西，他不断地模仿，他把一个课本扔到地上捡起来，我说你这个 "捡"，有两个意思，你忽略了一个意思。然后这个老师回去后，找了很多词典，给我打电话说，他在词典里到查的都是一个意思。我跟他说还有一个意思是别人丢掉的东西。一个是掉的东西，一个是丢的东西，你这个丢的东西，你用举例子，学生是体会不到的。然后我说，例举一，这个别人掉的东西是你认识的，你掉的，这也是别人，但是第二个句子，是别人丢在地上，这个别人你是不认识的。所以，你要告诉学生这样的一个区别。后来我问韩国的学生，我说"捡"在韩国语中，是不是有"掉"和"丢"两个单词，他说是两个词。那我们就要考虑到这个问题，在我们语言当中这个动词可能是一个，但是在其他语言当中，这个词可能是两个。那我们就要照顾到这样一个特点。我们要想到这样一个特点。

那幺方法，100个老师会有100个方法，那幺怎幺样才能让学生清楚的明白和清楚地用呢？我觉得不仅是老师认真不认真奏不奏效，因为你再认真有的时候也可能达不到那种效果。所以，在这里，我讲一下老师的基本素养。我们对外汉语教学的老师要非常的敏锐，要非常的敏感，要看到每个词和每个语言点当中它携带的信息，比如说附加信息，隐性信息，限制性条件，认知理论。我用的这个词是我自己用的，在这些语言学大家面前，可能不恰当，但是我找不到更恰当的词，我在这了跟大家分享，大家可以给我提建议。比如说，附加信息。"爱情不是生命的全部"，我们可以加个"并"，"爱情并不是生命的全部"这样我们就表示更加强调了。那幺"并"的附加信息是什么呢？"并"在表示强调的时候可不可以用于否定句，不可以，是吧，这就是附加信息。你要告诉学生，这样一个课含金量很高。那幺什么是隐性信息，刚才我说的"潮湿"和"湿润"，它的隐性，一个舒服，一个不舒服。这个我们要告诉学生。但是我们有的老师，连显性的信息都没有讲出来。比如说，他讲"海洋馆"，他说"一个地方，一个参观的地方"，这样一个解释，连显性的信息都没有讲出来。那幺，什么是限制性条件，"奉陪"是上下级关系，"语重心长"是说话人的身份，"胡说八道"是说话人的场合，这些都要注意。那幺，词，量词，"一双"和"一套"，一个是两个，一个是多个，它的限制条件就是数量。"双"是一样的，"套"是不一样的。这个要告诉学生。要把特指和任指，告诉学生。在把字句里的宾语，一定是特制的，我在讲这个句子的时候学生马上在反问我，特指是什么？最后我请大家看一看，"我是一个看大门的，说起来不算"，"我就是一个售货员，我管不了那幺多"，"你不就是一个科长吗？"这

里边都有人称代词，

　　它是任指还是特指？下面，"一个女孩子别到处乱跑"，"一个大老爷们别计较这点事"，这里边没有人称代词，他是任指还是特指？我们先看前三个，虽然他有人称代词，但它是任指，后面两个例子，虽然没有人称代词，但他是特指。所以这个概念，你要给学生讲清楚，否则学生会混淆。

　　好，由于时间关系，我就讲到这，谢谢大家。

第二轮

問答

主持　金铉哲_延世大学校

发言　金立鑫_上海外国语大学
　　　周　荐_澳门理工学院
　　　盛玉麒_山东大学
　　　高新_山东大学

- **金铉哲教授**

　　好，刚才我们听过四位老师的高见。四位老师有没有四位老师之间的建议？有的话先说好吧？（四位老师没有回答）老师也是这样（不回答问题）的吧？（笑）那有没有补充？有的话说，没有的话不说也可以。（笑）

- **金立鑫教授**

　　让老师们提问题吧。

- **金铉哲教授**

　　好好好。那就这样吧。그러면 이 시간이 사실은 많이 지나갔어요. 사실 한 시간 밖에 안 남기 때문에 4 분들 원래 토론을 하려고 했는데 그럼 안 하신다보다는 여기 계신 여러분들 더 많은 교류를 하고 싶으니까 우리가 먼저 질문이 있으시면 이 시간이 얼마 없기 때문에 질문을 하실 때는 자기소개를 간단하게 하시고 이제 한국말 다 알아되죠? (네) 这是我们的秘密。（笑）자기소개를 먼저 하시고 간단하게 한 2 3 분 정도 너무 길게 하지 마세요. 왜냐하면 중복될 수 있으니까 한 분이 먼저 하나 식만 하시고 나중에 시간이 남으면 다시 기회를 드리게요. 每个提问的时间是两三分钟，他们自己先自我介绍然后给你们提问。好，有没有问题？我们最后的活动是抽奖，如果不提的话没有机会。（笑）

提问一 高新

- **问**

　　刚才我听高新老师讲了很多案例，实际上高新老师讲许多案例，对我们对外汉语教学来说，是从微观的角度。我想问的是，我们多内的对外汉语教师，现在最需要看的，当然有写理论性的指导，但是在实践中他们更希望看的，是那些案例，一个一个具体的案例，可以让他们举一反三，像这样案例，特别是高新老师刚才讲的关于"标准"，这个案例给了我深的印象。我想指导高新老师，对这些案例的收集，整理，出这样的一个着作，我想请教高新老师有这样的一个打算没有？或者你在同行之中，有没有这样的成功的案例专着，谢谢。

• 答

  谢谢，我自己找过这样的书，一本是北京语言大学的苏映雪老师，他有类似这样的案例分析课本书。还有一个是高等教育出版社出的，作者是朱勇。我个人的听课量，也比较多，我个人积累的资料也有很多，现在没有时间来整理，我已经跟北京语言大学出版社沟通过了，他们也比较感兴趣，我准备做这一方面的工作，我是想把它整理一下，一个类型有几个案例，大家看了以后会有思路的启发。这样对我们的课堂教学，有线上线下教学都有帮助。谢谢。

提问二 **盛玉麒**

• 问

  我叫彭静，在北大工作。我想问一下山东大学的盛老师，您提的中韩汉语交集词，这个说法很新颖，交集汉字词，我还注意到您提到了补集汉字词，交集汉字词和补集汉字词的区分标准是什么？我注意到您总结的补集汉字词的数量远远高于汉字交集词的数量，那么您在研究汉语教学智能平台的过程中，为什么不基于汉字补集词而是基于汉字交集词的汉字库呢？出了交集与补集之外，您分的有没有其他的集？谢谢。

• 答

　　交集和补集是指韩国语当中有这样的汉字词, 汉语当中当然都是汉字词, 然后把它们作比较, 我做比较的基础, 一个是汉语是以汉语词典第六版为本, 韩语是以韩国语的词, 有一个是韩国的三种报纸, 韩国日报, 中央日报还有高丽日报这样的报纸, 然后做了分词统计。因为韩国语的文本是有分词词标-就是空格, 它只是把标点符号跟在词的后边, 所以要做一些处理, 然后经过人工统计之后再进行人工干预, 把汉字词挑出来, 这样在做现代汉语词典和韩国语汉字词做比较, 韩国语的汉字词等于是隐性的, 是在字母的后边, 然后呢, 和现代汉语词典完全交集的部分, 完全是以词形, 就是说汉字是一样的, 这个是交集, 但在这里要细分, 同形异意很多, 这个是暂时没有考虑。补集就是以在汉语里边, 现代汉语词典里边, 除了交集是现代汉语词典里的补集, 然后韩国语统计出来的这些汉字词, 没有这些交集词的也是韩国语, 语用文本当中的补集, 所以我说这次来发现有很多, 比如说, 像주차장这样的, 他是汉字词, 但是它不在现代汉语词典里边, 他就不是交集, 但这里的补集, 是韩国语里边的补集, 是这样的, 那为什么以交集为本呢?　那就是做这个平台, 还是以HSK大纲为基础, 然后以共同有的这一部分, 有三万多, 也不是根据它为基础的, 建立知识库, 词汇量不能太大, 太大的话工作量就会太大, 所以从教学出发, 还是以HSK大纲为主, 谢谢。

提问三　周荐

• 问

　　大家好, 我是成均馆大学的在读博士, 我想问一下香港大学的周荐老师, 你刚才说台湾还有大陆在词汇方面的差异多于语义语法的差异，那么您能不能具体地说一下，在构词法方面有没有差异？比如说台湾会说 "道地"、"道地的汉语"，但是大陆会说 "地道的汉语"。这些顺序或是构词法方面有没有具体的差异？

• 答

　　谢谢。首先我不是香港大学的，我是澳门理工的。我这次实际上是离开澳门20年，有几次来的机会错过了。今年正好20年，一定要来。因为三家大学邀请我做讲座，所以我准备了3篇论文，都是根据这个《现汉》和《新编国语日报词典》做的。一篇是讨论四字格单位，四字格单位比较典雅；一篇是讨论三字格单位，三字格单位就比较语俗；一篇全面探讨。一篇全面探讨呢是在六松，第二篇呢是在湖南大学，探讨四字格单位的是昨天在韩外大。这三篇论文实际上基本都把两部词典显示的词汇差异都显示得很清楚了。有构词方面的差异，但是我现在手边没带啊，如果您方便，我可以把论文传给您。不过您说的 "道地" 和 "地道" 那个不算两岸的构词差异，大陆也在使用，不是大陆说 "地道"，台湾说 "道地"。

• 金铉哲教授

　　还有 "熊猫" 和 "猫熊" 有什么差别？（笑）

• 周荐教授

　　这个也是大陆都有，有人说是因为字念的顺序。

• 金铉哲教授

　　但是我个人认为猫熊比较好。熊猫是太熊的意思。

- **周荐教授**

嗬嗬。

- **问**

我想请教一下周老师，刚才您说想要编两岸可以一起使用的词，但是因为词典当中涉及的词非常多，两岸的词汇有很多差异，比如大陆说 "地铁"，但是台湾说 "捷运"。如果将来有这样一本词典出现的话，那是不是会把类似这样的词都收进去？那我们在教学的时候应该教给学生 "地铁" 呢？还是跟学生说 "捷运" 也要用？谢谢。

- **答**

不是我要编这样的词典。我说我期待的两岸学者一起坐下来编词典。这是第一。第二呢像您说的把两岸的词都收进来，我已经说了，已经有学者在做了。大概是一两年前陆续出来两岸差异词词典等，都是不错的。当然也会有缺点了。我最近写了篇文章在谈谈它们的缺点。

- **问**

我想对金立鑫老师提一个问题。刚才您说有的教材趋向于功能教学法，有的教材趋向于结构主义方面的内容，但是我不知道您有没有关注一下，在韩国国内的教材。它可能是有主题，比如第一次见面打招呼等等，但是到后面都是有您所说的结构主义，比如说主语、述语、疑问句等等，就是后面都是以语法为主，而且写得特别详细，对于韩国教材功能和结构相结合这一点，您是怎么看的？您有没有觉得韩国教材有过于功能或过于结构的倾向？

• 答

　　谢谢。这是一个很好的问题。我对现在韩国国内流行的汉语教材不是太了解。但是你刚才举的那个例子，我觉得可能作者也有这个理念，他虽然在课文的安排上面是以功能为导向的，但是尽量照顾到功能导向中涉及语言点的方面，尽可能地用结构主义的方法来作解释，我觉得可以看得出来作者在尽量把结构和功能结合起来。我觉得这样的做法还是比较好的。我联想到一个问题，就是功能导向的教材和结构导向的教材它们适应不同的学生，比如说短期生，我建议采用功能导向的，比如说只是三个月或半年，那么他在三个月或半年中，他掌握一些交际功能项比较好。可如果是需要四年学习的本科生，那我觉得不能采用功能导向的，而是从结构导向中系统学习语言。所以，根据学生不同的情况来选择不同的教材或许更好一些。谢谢你的问题。

提问六　金立鑫、高新

• 问

　　老师，大家好，我是延世大学国语国文系的韩国语系的学生。刚才金老师提到的中国教材的问题，我们在韩语学习的过程中也经常讲到韩语学习的这个问题。我们延世大学的教材是以学习语法为中心。有人说，延世大学就是一入学为目的的学标准的韩语，而西江大学的教材是以口语为中心，所以很多学生想要练流利的口语的话就去西江大学，然后梨花女子大学的教材是偏重于语境。不知道中国对外汉语研究的教材有没有类似的区分？不知道可不可以请老师给我们介绍一下。谢谢。

· 答(金)

这个问题可能高新老师比我更有发言权。（笑）我大概从2008年之后就没有从事这样的对外汉语教学。我之前在上海的那些高校，比如说华东师大、复旦大学、财经大学、上海师范大学、上海交通大学等等，大部分都分长期和短期。长期生通常有一个系列的教材，分4册或6册。而短期生一般就是用功能导向的教材。

· 答(高)

我觉得在座的大部分老师可能都不是以编写教材为主业的。大部分都是在对外汉语教学的课堂。那么从课堂的角度来讲呢，我们选择什么样的教材的权力并不是非常强，比如说领导呀什么的选择什么样的教材，那我们就用就行了。所以我多少年来做对外汉语这个工作，我也从来没有想过这个教材的理论支撑是什么。只是在用的时候感觉这个教材的语法讲得比较好、那个教材的练习做的不错。那幺我对教材的认识是这样，教材是一个拐棍。你可以利用它，但不能依赖它，不能没了它就不行。我们老师要有一个对教材大胆取舍的能力。我刚才讲的，一个是内容一个是能力，内容小到每一课。这取决于老师对教材、课文的认识。比如我曾经有一个观点，就是"难点不一定是重点"。因为我们有一课，叫《乞丐与富翁》，"乞丐" 和 "富翁" 肯定是这一课的难点，但它肯定不是重点。你想一想，从语料分析的角度，这两个词肯定不是高频词。所以我跟老师们说，你不必要求学生会写。但是其中有个内容，一个乞丐提着个狗，看到富翁贴了一个告示，悬赏多少钱，他想用这个狗来换钱。那么这里面有很多语法点比如说 "把狗栓了起来"、"把狗抱了回去"。我觉得这是重点。这是我对教材的理解。我没有很仔细地分析过很多教材，这一点是我很欠缺的，希望大家谅解。

• 金铉哲教授

我来补充一下，我在语学堂工作过四年，我们韩国语学堂的教材我觉得不怎么好，没有时代改变的概念。我也看过西江大学韩国语的教材，我看了以后，马上给我们160多位老师看，他们都不接受，觉得太简单，应用性较强。但是每年来我们学校语学堂学习韩语的学生的目的，是都百分之百考上韩国的大学。所以我觉得延世大学语学堂是长期，西江是短期。韩国的汉语教材现在是这样的。但是当时八十年代，没有这么多的教材，没有好的教学设备，没有这么好的教学设备。现在呢，有好的教材、好的设备、好的老师，但是没有好的教学方法。我觉得教师的责任感很重要。

• 答(金)

补充一下，我很赞同高老师用的方法，就是我们在词汇教学的时候，某一个词，我们的老师不是在解释这个词的意义，而更多的应该是把这个词所出现的上下文环境，在这个短语里面它是怎么出现的。而且，关键的是，这个词所搭配的那些词构成的短语或小句子，它能充分地反映这个词的意义。只要有三四个这样好的例子，我们不需要做任何的解释，学生就会明白这个词的意义。一个很简单的例子，我们是怎么学会我们的母语的？我们根本不是通过词典来学习词的意义，我们都是通过上下文，比如大人说话时这个词前边的词或后边的词，来理解词的意义的。刚才高老师说的很好的例子，就是说，有些词的出现，对这个词的解释没有任何的帮助，这个在我的理论里面叫做"无效语料"。那幺什么叫有效语料，就是说，老师把这个词放在一个短语里面，这个短语里面其他的词和这个词合起来能准确反映这个词的意义，这样的语料叫做有效语料。我们老师备课的时候应该把时间花在寻找有效语料、在课堂上呈现有效语料。学生通过这个语料，就能明白这个词的意思，甚至明白这个词的用法和规则。不需要老师作解释，这个语料本身已经充分反映这个词的用法，甚至老师还可以举出这个词不合格的用法，只要在句子前打个星号就可以很好的说明了。这是我非常赞同高新老师的一点。

顺便我在啰嗦一下。我对教材的观点跟高老师不一样。好的教材是一个非常好的非常有经验的老师来编写。这个教材是剧本，我们按这个剧本来演，老师就是演员。如果哪天这个老师生病了，那其他人拿着这个教材也一样能把课上好。一本好的教材，老师在这本教材改动的地方不多，除非说这个老师的水平高于编写者的水平。确实大陆有一段时间出现了很多滥的教材，很多阿猫阿狗也编教材，一些很好的老师用的时候觉得不对劲，就必须改动，"动手术"。一本好的教材能改动的地方不太多，比如吕叔湘老师曾经编过教材，赵元任先生也编的教材。这种大师所编的教材，我们能改动的地方确实不太多。谢谢。

提问七　高新

• 问

我想问一下高新老师，您刚才讲很多具体时候的教学技巧还有方法，但是有的时候我们讲各种课的时候是有领导安排的, 比如说有听力课, 口语课, 写作课这些, 您能不能给我们提供一下在上这些不同的课的时候有效的上课教学技巧方面的一些东西, 或者是具体的知识点的技巧, 谢谢。

· 答

　　这个问题比较大, 用很短的时间很难说清楚, 其实我在澳门科技大学背课表有这样一个内容, 我用了一个句子, 就是 "他们家的生意越来越火了" 这么一个句子, 假如说精读课, 口语课, 阅读课应该怎么讲。我在韩国孔子学院也讲过, 但在韩国, 对外汉语教学课程分的没有那么细, 在我们国内, 我们山东大学是分的很细的, 我们的预科班是精读, 训练, 口语都用的一个教材。前两个小时精读老师讲, 后两个小时训练老师讲, 最后两个小时口语老师讲。都是这样一个模式, 一天一课, 一天一课, 就是用的博雅起步篇。这样我们备课, 老师压力就小一点, 那么 "他们家的生意越来越火了" 比如说精读课, 我觉得就得讲 "火" 的意思。比如说, "听了他的话爸爸就火了" 和 "他们家的生意越来越火了" 完全是两个概念, 这个就应该在精读课上讲。然后就要讲越来越这个语言点的用法, 然后带着他们练。我觉得这是精读课的任务。那么口语课是什么呢? 口语课, 假如说学生理解了 "火" 的意思, 你就可以问 "你家里有么有做生意的人?", 他的生意火不火, 直接进入对话的环节。那么假如是听力课, 听力课, 就是说有选择题了, 只要他选对了就不讲了, 如果选错了, 那就分析学生是越来越没理解还是火没有懂。那么阅读课也是这样的, 阅读就是完了以后, 你可以问他们家的生意怎么样, 如果学生回答 "非常火", 那就说明他懂了火的意思。如果他说 "他们家财产都没有了", 那就说明他理解错了。那就要重新讲。我想这四个课, 大概我是凭我的记忆, 肯定有不完整的地方, 很抱歉, 谢谢。

- 金铉哲教授

　　我有个建议，如果你在韩国的话可以参考韩国的英语市场，因为韩国有很多英国美国出版的分开教学的课本有很多。在韩国韩语是母语，英语是第一外语，汉语是第二外语，所以韩国在对英语的研究比较多。

提问八　高新

- 问

　　我想谈一下我的感想。刚才高兴老师说根据汉语词典的分类，我想说这种分类有不太完善的地方。比如说刚才的 "大"，它其实不是表示程度深，程度浅的差别。其实从它的字面意义上出发，它表示的就是程度深。所以我认为词典的编写是有问题的。我的意思是我们还要立足于文字本身的立项，然后从它的本义，引申义，然后才引申到词语和例子的教学。所以我觉得一定要立足于文字本身的立项，这是我的一个感想，谢谢

- 答

　　现代汉语词典是我们目前利用的最规范的，最多的我们还是要依靠它。那么各人有各人的理解，这是因为我们的工作性质不同，我认为目前对外汉语教学，利用现代汉语词典还是比较可靠的。谢谢~

提问九 高新

- 问

在国外进行对外汉语教学的中国老师，他们面对的大部分都是韩国学生，而且课时量也不是那幺足，那幺他在教学的时候语法比重应该是多少，或者是和韩国老师相比，他的侧中应该在哪些方面，他的优势又应该怎幺表现出来？中国老师在课堂上讲语法的时候应该侧重于哪些内容？

- 答(高)

我觉得我们是要学生是要干什么的。如果他是学历生，我们就真的应该按部就班地讲，如果他是一般的语言进修生，那他就是短期的进修班，他学会记住表达的方式就可以了。这就要要看学生学习汉语的目的是什幺。针对韩国的汉语教师，韩国教师会在语法教学上纠结很多时间，课堂上的权重也会比较大，我跟人不太赞同这一点。尽管在短期效果上，韩国老师使用韩语母语来讲汉语，学生的接受时间可能会更快一些。但我觉得过了一年以后，韩国教师跟中国教师教出来的学生，在语法方面上差距并不大。因为学习的中级目标是会运用，理解只占百分之五。理解，我一下子就理解了，可是我可能不会用。我觉得很多人词汇量很大但是不会造句。比如说我，我词汇量有，但是我就是不知道韩国语的动词怎幺变化。我觉得外国人学习汉语肯定也有这个问题。因为汉语的语序是很严谨的，他一个成分错了那整个句子就错了。有的时候学生一个成分弄错了，老师甚至不知道他想说的是什么问题。我觉得学习汉语，汉语的语序很重要，所以对于零起点的学生来说我就要对他训练句子。比如说，"你好" 也是句子。哪怕是再短，也让学生说句子。养成说句子的习惯以后，学生对语法的理解是通过案例，通过语境来理解的。过多的讲解是没有必要的。你可以做一下这样的实验，用例句，你可以用五个例句来训练一个语言点，我觉得学生在这一过程中会培养语言的感觉。谢谢。

- **答(盛)**

　我从外行角度补充两句。我觉得现代汉语语法是给汉语是母语的人来讲的，而且它里边有很多规则，都是预设，但他的前提是他得会说，然后他可以在会说的角度上归纳，归纳很多的规则，但是我们的老师就告诉我们，凡有规则，必有例外，然后接着说，凡有例外，必有解说，结果不管是语音还是音韵，词汇，语法，都是有很多例外，所以这个问题，在汉语的教学领域里，我们还是暂拟语法体系，就是大家都认可的就这样，所以你要看，有的时候是请本科生来挑错，结果呢，把黄廖本挑的一塌糊涂，其他的几种版本也是免不了的，而在信息系统里又强调，基于规则，基于统计，就是基于规则离不开统计，那就是基于规则和基于统计结合在一起，所以现在在在对外汉语教学领域，我觉得就是这个语法，恐怕你要对汉语时母语的人来讲，越讲越糊涂，那么对外国人讲，怎么能把他讲出来，我觉得就讲最核心，最基本的几个，比如说句子结构啊，然后词类的关系啊，至于说例外怎么办，还是词汇主义的趋势，我们以句子为单位，运用塬型理论，交给他一个塬型的句子，他就会掌握关于这个语法结构的关系，然后每个句子成分的位子上，可以放哪些词，从教学语法大纲上拿出来练习，这样可以替换，就可以了。就是我们有很多只是　可以意会的。你要想方设法要利用解词或者说分析讲解的办法，似乎有一些难度，这是我外行的理解。谢谢

- **答(金)**

　我想补充一下。在国内给国内大学生使用的现代汉语教材，完全不适用于留学生的汉语教学。留学生提出的语法问题，是任何一个中国人想都想不到的

问题，是语法书中根本不会出现的问题。（笑）"我们每个星期去了家乐福"我们不会这幺说，但你要告诉学生这里为什么不能用"了"。"我们经常去了家乐福"也是不能说，类似的还有"突然"和"忽然"、"刚才"和"刚刚"等等。我们就是要教这种语法，这种词怎幺样，什么时候不能用，你可以一起用两个时间名词，但如果你已经出现一个时间名词，那你不能用多一个时间副词。所以对留学生的语法书和对中国学生的教材根本不一样。我还有一个建议，尽量少给学生讲语法术语，主要用例子讲语法。

提问十 **盛玉麒**

• 问

盛老师刚才提到了词汇属性，在词汇属性的时候提到了次范畴的确立，能不能请您再仔细说一下关于次范畴确立的问题，比如说这个确立的标准是什么啊，有什么样的确立方法，或者在这个确立的过程中有什么问题，这种次范畴的确立可以解决哪些问题？或者是与现在词汇系统有哪些冲突。

• 答

次范畴，我觉得我说的跟别人说的也差不多，就是说目前的词类的划分，几个大类不够，然后每个大类都有小类，有动词啊，判断动词等等，但是光有这样的划分是不是能够解决问题，现在从语用的角度上，从信息处理的角度上都发现有漏洞，然后又从语义上分析的，也有从构式，从功能，从其他方面想办法来做。比如说北大，他做了语法信息语料库，这里边的语法信息词汇词类的细化达到了一百多种，那么它是给机器用的，因为机器在用规则判断的时候，就会有例外，然互它就会把这些例外找出来，找出来这些意外是不是有共性特征，能不能独立出来，我举区别词这个例子，那么我们在对外汉语教学上，现在可以考虑的，比如说兼类词是一个类，比如说动宾词是一个类，还有离合词，另外我们汉语没有形态，但是又类词缀，那么类词缀呢，就是运用一个广义形态理论，因为它会发现，比如说我们这个 "灯"，我们生活当中一共有多少类型的灯我们无法一一列举出来。如果你告诉构词的塬理，然后把灯作为一种类词缀，那就会构词了。我发现韩国语有很多类似的情况。汉字文化再把它作为认知和把它作为单音节构词语素，它们在搭配使用的时候就会使用类举关系，把他们共同的类似关系归纳一下，就会发现一些次范畴，比如说形容词，形容词当中有状态和性质两大类，可是状态和性质当中还有很多声动形式，那么可以根据不同的声动形式，来划分小的范畴，比如说有声动形式的，它就不能再加程度副词了。它有一个句法规则在里边，所以我觉得这个是一个很大的一个空间。比如说动词，动词，因为单纯的从过去的划分上，只能是在意义上，但是实际上从论元角度上，你就可以把它每一个动词的相关的论元给他做分析，这样可以使在可以使在教学上找出更细化的规则，谢谢。

提问十一 周荐

· 问

很高兴能跟我17年前读硕士时教过我的周老师在一起。周老师把我们带到了17年前，让我们年轻了17岁。（笑）最近我们现在金教授的带领下，我们在做一篇论文，就是考察第六版《现汉》、《现代汉语规范词典》、《现代汉语学习词典》这三个在国内出版的词典，以及在韩国出版的一些词典。想找一下以后在韩国编写汉语词典的一些方向或是要注意克服的一些问题。比如说我们在考察这三个词典的时候发现问题主要集中在两个方面。一个是释义方面，尤其像《现汉》，虽然它是我们国内的一个权威词典，但是它对很多词的释义很没有诚意，比如"挤压"这个词的解释是"挤和压"。所以我们就觉得，可能对一个汉语母语者我不确定他是否能理解"挤和压"是什么意思，但是对外国人来说这个解释等于没有解释。第二是示例方面，比如高频词它反而给了示例，而低频词它给的示例就不够。还有它有时给的示例非常简单，就四个字。而有点示例给的特别长，曾经看过一个示例里，它的定语有21个字。我想问一下老师，以后我们在韩国编这样的词典的时候，在释义和示例方面，我们需要注意什么问题。

· 答(周)

对高新老师提一点意见。高新老师刚才说《现汉》，说如果规范，我们就使用就可以了。虽然它是比较规范，可以说是中国大陆到现在为止最好的一部词典，但它不是无懈可击了，可以说问题真不少。比如说，从61年试用本到96年那一版，收了一个fyao字，左边一个要不要的要，右边一个请勿吸烟的勿。大家都知道现代汉语的规则，而它为了一个字，立了一个音节，打破一个规则。再比如说02年的版本，它收了个词叫"二鄂音"，那个词就是国家命令取消的繁体字，左边一个口，右边一个恶毒的恶。像这样的问题还很多。每一版《现汉》出版，我们可以注意到相当一批文章唱赞歌，也有一种冷静的学者在提意见。我就很少唱赞歌，老给他们添堵，老给他们提意见，他们很烦我。(笑)所以刚才这位同学提的问题是个很大的问题。词典的释义，收条多一点少一点问题不太大。义项，一个词你收了三个义项、四个义项，似乎他也能辩解。而释义是个大问题，是个细活，往往能见到编者的水平。我们如果能在韩国编出这样一部词典，的确可以参考《现汉》，但不能照搬，因为它必须为外国人服务。《现代汉语学习词典》就是最近田晓林老师提出，能对以往的词书理论做一些吸收，这是不错的。

• 问

　　我们也在思考这个问题，但是我们发现《现代汉语学习词典》只是比《现汉》好了一点，还是不太适合在韩国用。

• 答(周)

　　对，所以下一部最好你来编。(笑)

• 答(金)

　　我有一点看法和周荐老师不太一样。周荐老师别太生气啊。(笑) 现在我们所谓的《现汉》其实名不副实。如果说是现代汉语词典的话，还不如说是北方话词典或普通话词典。那广东话是不是现代汉语？四川话是不是现代汉语？吴方言是不是现代汉语？它们都是现代汉语，但是从不说fyao是吴方言中一个词。还有很多别的方言的词，《现汉》 都不收。为什么不把它们当做现代汉语？其实它们明明是现代汉语，比如说 "duang"、"biang" 等。现在我们看到的《现代》应该说是普通话词典，不包括一些方言，可能我的心态比较开放一些，所以出现fyao也没关系，因为它也是一个语言事实。或许当然也可以编不同地区的。从更广阔的眼光来看，如果汉语要走向世界，我们允许有不同国家不同语言特色的，比如日本汉语，新加坡汉语等。日本人说普通话和韩国人说普通话不太一样，形成好像次方言一样的。如果非常严格地要求的话，对汉语的发展和推广可能不会太有利。

- 答(周)

补充一下，那个fyao为什么收录了，因为第一版的主编是丁声树先生，第二版的主编是吕叔湘先生。他是丹阳人。您说那几个字啊，咱们找找当地看哪位方言区的人当主编吧。

- 金铉哲教授

现在我做编辑工作超过十年了。有一个出版社已经花了韩币十亿想编词典，参加的人数已经超过两百，但是还没有出版。为什么呢？刚才他们两位说的问题还没解决。我们已经研究过全世界的中韩词典，最不合适的是《现汉》。这是为了中国国民出的词典，不是为了韩国国民的。所以我们现在的目的是为了韩国国民编写中韩词典。我们才懂，关键是责任感，还有韩语的问题，还有道德心的问题。不是钱的问题。好，时间差不多了。

延世大学 孔子学院 研究丛书 006
中国研究院

국제 중국어교육의 이론과 실천
国际汉语教学理論与实践

초판 인쇄   2017년 3월 20일
초판 발행   2017년 3월 30일

편   저 | 연세대학교 공자아카데미·연세대학교 중국연구원
펴 낸 이 | 하운근
펴 낸 곳 | 學古房

주   소 | 경기도 고양시 덕양구 통일로 140 삼송테크노밸리 A동 B224
전   화 | (02)353-9908 편집부(02)356-9903
팩   스 | (02)6959-8234
홈페이지 | http://hakgobang.co.kr
전자우편 | hakgobang@naver.com, hakgobang@chol.com
등록번호 | 제311-1994-000001호

ISBN 978-89-6071-656-8 94720
      978-89-6071-638-4 (세트)

값 : 9,500원